一位医学博士后父亲的教女笔记

把孩子送进世界名校

BA HAI ZI SONG JIN SHI JIE MING XIAO

王继起◎著

华中师范大学出版社

新出图证（鄂）字 10 号

图书在版编目（CIP）数据

把孩子送进世界名校 / 王继起著. —武汉：华中师范大学出版社，2012.12

ISBN 978-7-5622-5807-0

Ⅰ.①把…　Ⅱ.①王…　Ⅲ.①家庭教育—经验—中国　Ⅳ.①G78

中国版本图书馆 CIP 数据核字（2012）第 260202 号

把孩子送进世界名校

王继起 著

出 品 人：	范　军	**总 策 划：**	段仁国
责任编辑：	胡　维　杨莹莹	**责任校对：**	赵　瑜
编 辑 室：	对外合作部	**电　　话：**	027-67867370
出版发行：	華中師範大學出版社		
选题策划：	北京快乐共享文化发展有限公司	**电　　话：**	010-63703381（发行）
社　　址：	湖北省武汉市珞喻路 152 号	**邮　　编：**	430079
电　　话：	027-67863040（发行）	**传　　真：**	027-67863291
网　　址：	http://www.ccnupress.com	**电子信箱：**	hscbs@public.wh.hb.cn
经　　销：	全国新华书店		
印　　刷：	北京画中画印刷有限公司		
字　　数：	210 千字		
开　　本：	710mm×1000mm 1/16	**印　　张：**	17.25
版　　次：	2013 年 1 月第 1 版	**印　　次：**	2013 年 1 月第 1 次印刷
定　　价：	29.80 元		

欢迎上网查询、购书

序 一

家长理念决定孩子命运

凡是成功的学生，良好的家庭教育不可或缺，正如王世珍父亲王继起在书中所说："家长理念决定孩子命运。"家庭教育是基础，学校教育起主导作用，社会教育是必要条件。教育是一项复杂的系统工程，家庭、学校、社会三种教育施加在一个孩子身上，应该相互融合，相互补充。仅就对学生的"爱"而言，家庭的爱充满浓厚亲情，教师的爱凸显理性色彩，社会的爱则表现得博大内隐。

学生对三种爱会做出不同的反应，对父母给予的爱坦然享用，对教师给予的爱异常珍视，对社会给予的爱则少有感知。基于不同特点爱的基础上的教育，必会产生不同的效果，因此要采取不同的策略，体现不同的侧重。在这方面王世珍的家庭教育经历给大家提供了弥足珍贵的经验。

我愿意为此书作序，就是因为该书不仅是家长的良师益友，也是正在成长的学生们极有价值的参照和获得成功的范例。

我原来打算简单地浏览一下书稿后马上动笔，因为五年的师生相处，王世珍的性情特点、行为举止，我都记忆犹新，无须再看书稿中的文字。事实证明我错了，因为王继起同志所写的绝非一般意义上的教子之作，而是有许多独到之处，这就是“用心思考教育孩子的品德、用行动培养孩子的习惯、用一切可以利用的机会激发孩子的情感、用常识和鼓励教会孩子自信和坚忍”。叙述内容之朴实、文字表达之通俗、情感流露之真切、事件描绘之详尽、观点阐述之深刻，无一不让我惊叹！灯下我读完了所有文章，此时对往事的追忆萦绕于心，难以入眠。

1998年天津市实验小学第一届“超常班”的学生毕业了，天津市耀华中学作为重点中学，受当时市委书记谭绍文的委托，接收24个年仅9岁的儿童继续中学阶段的学习。当时已有15年教龄的我受命教这个班的数学，继而当班主任。

以强调逻辑性、抽象性、系统性、深刻性、准确性、严谨性著称的数学，与活泼、聪明、好动、浑身上下满是调皮、心理上依然稚气的孩子之间有怎样大的距离，可想而知。我时常因为这些学生打乱我十几年习以为常又行之有效的教学方式而陷入迷茫之中。然而孩子们的自信、活跃、求异、好奇又经常使似乎无序的课堂闪动奇迹般的智慧，还给了我思维的灵感，我逐步认识了这些特殊的孩子。

王世珍就是这个班的一员，还是当之无愧的班长。当时搞不清究竟是因为从小就当班干部，还是家庭教育的影响，她不仅具有这些孩子的灵活，还比同龄人成熟、稳重、善解人意且宽宏大度。每天需要在老师和调皮的同学中“周旋”，承担着许多为同学服务的工作，作业一贯工整，遇到不懂的问题，会主动地问老师，此时较快的语速还有一点点结巴，好学中透着紧张，非常可爱。看了书稿我恍然大悟，王世珍身上的许多优点，是家庭教育的必然。

著名心理学家威廉·詹姆士说：“播下一个行动，收获一种习惯；播下一种习惯，收获一种性格；播下一种性格，收获一种命运。”点滴行动会聚合为习惯，固化了的习惯又会抽象出性格，一旦良好的性格形成了，成功必将蕴涵其中。我曾不止一次地在家长会上说：“智力发展好是获得成功的一个优势，只有智力因素和非智力因素都好，才能做出杰出的成绩。王世珍良好的非智力因素，必定会使她受益无穷。”

今天我真正了解到王世珍良好的非智力因素中，包含着她父母那么多的心血，那么长久的付出，那么理性的思想，那么科学的见地。可以这样说：家长的教育理念已深深植入孩子的成长之中，造就出了王世珍这个原本平凡而又不平凡的孩子！

原天津市耀华中学校长　曲丽敏

序　二

正确的理念来自家长的学习

我站了一辈子讲台，只在九尺长的黑板上笔耕，哪里为某本书写过“序”呀！今该书作者王继起同志让我为该书作序，对我这七十岁的老妪何其难也！盛情难却，况且该书写的是我的学生王世珍的家教事例，我怎么能够回绝呢？

天津市教育局于1984年11月在天津市实验小学建立了超常儿童实验班，并列入中国科学院心理研究所的科研项目。该班共二十七名学生，王世珍就在其中。这个班用三年七个月读完小学。我在该班二、三、四年级时任班主任兼语文教师，距今相隔二十五年了。古稀之年的我，许多事情已淡忘了，可我和实验班在一起的故事挥之不去，历历在目。今反复阅读王继起的书稿，让我沉浸在幸福的回忆之中。

记得我刚接班不久，实验班就成立了家长委员会，王继起任主任委员。班上的教育工作，学生的外出活动，他都积极热情地和家长们一起给予支持。他付出了很多，但从来没向我提出任何一个份外的要求。

有其父必有其女。在实验小学的近四年中，王世珍一直做班长。她以身作则，勇于负责，是老师的好帮手；她热情宽容，团结友爱，是同学的好伙伴。当年我是市人大代表，有时开会需要离校几天，回来后就看她记载的班级《光荣册》。她记下许多同学做的好事，却从来没记过自己。以致有的同学把《光荣册》“偷”回家，悄悄地把她做的好事写上，再偷偷放回教室。她很少考第一，基本在六七名吧！但她一直踏踏实实地努力学习。记得四年级上学期（她九岁时），市教科所随堂调查同学们的阅读情况，出了作文题《我爱读的一本书》。王世珍当堂写下《我爱读的一本书——〈红楼梦〉》，其中还谈了对王熙凤的看法。尽管很稚嫩，但我们不难看出她对学习的强烈兴趣。正因为有了兴趣的推动，品行的支撑，习惯的保证，她才能越学越好，不断超越自己，由一个小学成绩中等偏上的学生，成为美国贝克曼医学研究所的博士生导师，展现出可持续发展的潜能。

我从教五十余年，其中做了三十五年班主任。我深切感到不同的家教理念，构建了不同的家教内容、方式、方法，造就出个性不同的孩子，而家教理念取决于家长的人生信念。王世珍的家长与时俱进地学习，不断确立正确的家教理念；实践科学的家教方法，倾心尽力为孩子营造和谐的成长氛围；创造性地进行家庭素质教育，让孩子赢在良好的综合素质上。书中详尽生动地介绍了行之有效的家教方法和让人深思的家教理念。作者朴实的文字，读得明白；生动的故事，如在身边。如果我们每一位家长都能面对自己孩子的故事也进行一番思考，何愁找不到适合孩子的最好的教育方法？正确的理念来自家长的学习。我至今还清晰地记得王继起在家长会上的样子——抬头专注地听，低头认真地记。

如果我们每位家长都能让学习成为生活的常态，就能形成正确的家教理念，就能掌握科学的家教方法，就能实施让孩子可持续发展的家庭素质教育。那么，就会为国家培养更多的各方面、各层次的创新型人才。家庭会更幸福，祖国会更兴旺。

天津市特级教师　孙彤芬

2011 年 9 月 4 日

序　三

做一棵折不断的竹子

中国人向来崇尚竹子的“能屈能伸”。在美国的这几年，我也体会到了这种“竹子精神”：其一，在外界的压力下保持自我的弹性，张力内敛、从容不迫；其二，心中永存豁然的通道，不要封闭自己、堵住自己的养料来源。

我在内布拉斯加大学完成博士学位后，被约翰斯·霍普金斯大学的一位教授看中录用为博士后。尽管我在内布拉斯加的导师水平很高，那所大学的教学科研风气也很严谨认真，但是相比约翰斯·霍普金斯这样美国一流的医学科研单位，两者的声望可谓差距悬殊。虽然新导师确信我能够胜任这份工作，我仍是带着一种“白手起家”“夹着尾巴做人”的心态，开始了我在位于这座东海岸城市的著名学府中的新工作。

约翰斯·霍普金斯大学有很多中国留学生和学者，他们几乎清一色地来自中国顶尖的高等学府和医学院。初到新环境的时候，我能够感觉到来自他们当中一些人的怀疑的目光，尤其是得知我毕业于内布拉斯加这样一所名不见经传的学校时。来自一些美国人的怀疑就更不用说了，虽然他们表面上还是非常友好热情。我能做的，就是不理会周围这些压力的存在，不争一时意气，能量和精力内敛，专注于我的科研工作。

很快，我的工作取得了一定的成绩。导师不仅很满意，而且更加地器重、栽培我，身边怀疑的目光也变成了友善和佩服。我在约翰斯·霍普金斯工作的两年中，身边的同学同事最终都成为了我的好朋友——他们其实都是些能力很强也很不错的人。

初期对一个刚刚接触的人的能力产生怀疑，这是人之常情，我们自己也常常这样。后来我开始新的博士后工作。范德比尔是南方很有名的“贵族”学校，但是同样，无法与大名鼎鼎的约翰斯·霍普金斯相比。于是，我又感觉到了另一种似曾相识却又不同的怀疑目光。我相信周围一些人对我在约翰斯·霍普金斯的背景略带羡慕却又很不服气，想看看从名牌学校来的这位究竟是不是“金玉其外、败絮其中”。

其实我是“名牌”也好，“伪劣”也罢，自己的斤两自己最清楚。不管在哪所学校哪个城市，我会踏踏实实尽最大的努力做好我的工作，并且从工作中找到乐趣，为什么还要在意别人怎么看呢？

最后，还想说说竹子的另一个特点——空心，大概这也是让竹子轻柔却不易折断的原因之一。换作是人，那便是心胸澄明坦荡，能容纳别人的意见、怀疑、批评，能接受新鲜的理念、知识、想法，把旧的和不合时宜的淘汰掉，尤其在美国这样一个和中国的传统文化经常发生冲突的地方，这种适应环境自我调节的能力就格外重要——不过，当然不能迷失自我、丢掉我们传统的好东西。

人如果过分自信，就容易犯"实心"的毛病，就会故步自封、停滞不前。我对这一点的体会主要是来自我的科研工作中。感谢我的工作，因为科研尤其是一个不断前进、不断发展、永无止境的领域。工作中养成的吐故纳新的习惯帮助我在生活中其他的方方面面乐于接受和包容。

不管在中国还是美国，来自外界的压力，来自周围人际的压力都是相同的。我的回应也是相同，就是以不变应万变，自我缓解这些压力，做一棵坚韧的空心的竹子。

王世珍

目 录

第一章 玩

我要像带男孩一样带女儿玩，玩得让所有贪玩的同龄男孩都羡慕。我要像带男孩一样带女儿参加广泛的实践，让她储备比同龄男孩更丰富的早期经验。是的，我要和女儿一起拓展一个最大的圆。

第二章

读

我这一生做得最好的事就是戒了烟，买了书。从这个角度来看，女儿的博士学位是我戒烟戒出来的。让孩子比父母读更多的书，比让孩子考入大学更重要。

第三章 学

学习最重要是坚持。我们辅导不了孩子学习，但始终支持孩子制订每周学习计划，每完成一项，就用红笔划去一项。当孩子自己划去的时候很有成就感。

第四章 新

敢于反常规，热情赞美孩子的创新，甚至积极参与孩子的创新游戏，哪怕在别人眼中，我带孩子的方式像“神经病”一样。

第五章 德

具备了优秀的品行，不愁成绩上不去，不愁事业不成功，不愁生活不幸福，那只是时间早晚而已。

第六章 师

以孩子为“师”。时常发现孩子身上的闪光点，时常记起孩子对我们爱的奉献，感悟孩子的童心，自觉向孩子学习，让孩子与家长平起平坐。请在这里记下孩子做过有多少让你感动的事。

前 言

我女儿王世珍 14 岁考入南开大学生命科学学院生物化学及分子生物学系，是录取的天津考生中的最后一名；4 年后，以总分第一的成绩保送留校直接攻读博士学位；1 年后，经导师——南开大学副校长、生命科学学院院长狄运琪教授推荐，作为中美联合培养的博士生赴美国内布拉斯加大学深造。她先后应邀到约翰·霍普金斯大学和范德堡大学做博士后，现在洛杉矶贝克曼研究所任助理教授、博士生导师。

从小学到大学，她一直担任班干部，多次获得各级三好学生称号；获得天津市优秀理科生奖学金；获得德普公司——南开大学生命科学学院奖学金；读研时被国家自然科学基金委员会选为十名中方正式代表之一，参加中德生命科学青年学者双边会议，在会上宣读了科研论文。

一些不了解我们的人，非说我女儿是“神童”，急得我直冒火：我们的任何一位亲友、同事，只要是看着我女儿长起来的，没有一人认为她比别人聪明；从幼儿园、小学到中学，凡是教过我女儿的老师，也没有一位说过她比别人聪明。

对我女儿和女儿的同学们进行跟踪研究的教育学专家在女儿高中毕业前，告诉我们她的智商中等偏上。在多次家长会上，老师说：“有的同学智商中等，但非智力因素很好，学习一直不错。”在场的所有家长都知道老师表扬的是我女儿。

以上理由都说完了，仍然有人坚持说："聪明就是天生的，你不承认不行！"我听了真的生气，又不好指出他们是在推脱自己家教的责任。后来终于发现，持这种观点的人，没有一个是年轻的父母，几乎都是孩子基本已定型的家长，要么孩子已经参加工作，要么他们已经管不了孩子，对孩子完全失去了信心。在经历了多次这样的争论之后，我猛然醒悟：孩子之间的差距是家长教育理念的差距。他们不反思自己对孩子教育中的错误正是固守着旧的教育理念。

其实，每个孩子都精彩，只是错误的理念压抑了精彩，正确的理念激发了精彩。前几天，一位年轻的妈妈焦急地告诉我："我这个孩子蠢透了！你说怎么办？中午我回家，姥姥、姥爷正说她，她站那儿哭。早上姥姥给了她一角钱，结果她放在小区边道上，看看中午放学后钱会不会被别人拿走。钱当然没有了。我一听，接着又数落了她一通。"

这个孩子刚上小学一年级，她本身的创造能力，还没有被家长、老师的错误理念扼杀。这是多么了不起的举动啊！我对孩子的妈妈说："您的孩子棒极了。她正在进行一项社会学的实验：实验的目的是钱会不会被拿走，实验准备是要钱和选择放钱的地点，实验结果是钱丢了，而且是一角钱也会有人捡走。"如果这个孩子将来是一位社会学家，那么这"一角钱的实验"肯定是她成长中的精彩故事；如果这个孩子写下"一角钱的实验"作文，肯定全国只有这么一篇。

一种理念认为孩子"蠢透了"，换一种理念感到孩子"棒极了"。听到"蠢透了"的呵斥，孩子会自责、自卑；听到"棒极了"的夸赞，孩子将自信、自豪。两种不同的教育理念，决定了两种不同的态度，构建了孩子个性发展的不同框架，必将造成两种不同的人生。为孩子割下身上的肉都不觉得疼的家长，先割去头脑中落后的教育理念吧！家长的反思才能生成教子的智慧，它是孩子成长的力量。

我的反思伴随着女儿的成长，至今我还在反思。越反思观念越明确，越反思遗憾越深刻。正确的教育理念都是在反思中确立的。我所奉献给读者朋友们的这本家教笔记，如果能引发各位的反思，那将是您孩子的幸福，也是我的祈盼。

据我的经验，这类家教书的读者还是母亲居多。在我们的家庭教育中，的确是我思考的多、实践的多，但对女儿品性产生深刻影响的还是她勤劳、质朴、宽容、谦和的母亲。父亲是山，母亲就是水；父亲是天，母亲就是地。当初别人对我们的家庭教育不解，甚至提出异议时，我的夫人王秀荣没有任何动摇，始终和我保持理念的相通，行动的一致。此书，是我们家庭生活的结晶。女儿，是我们共同培养的结果。

愿每个孩子都成功，每个家庭都幸福。

王继起

2011 年 10 月 12 日

Part 1

玩

我要像带男孩一样带女儿玩，玩得让所有贪玩的同龄男孩都羡慕。我要像带男孩一样带女儿参加广泛的实践，让她储备比同龄男孩更丰富的早期经验。是的，我要和女儿一起拓展一个最大的圆。

像带男孩一样带女儿

在一般的家庭教育中，男孩的早期实践圈大，是个大圆；女孩的早期实践圈小，是个小圆。孩子早期实践的范围越大，他得到的可持续发展的能源就越多。

也许企盼男孩的情结，成就了我对女儿的教育。我一直隐隐地有这种感觉。

1978年初冬的一个下午，我倚着产房外过道的墙，焦急地等待着。医生出来告诉我："大人孩子都挺好的，七斤二两……"我的心跳到嗓子眼儿来了，不敢往"那边"想。"是个女孩。"医生的话让我双腿一软，顺着墙壁，我蹲坐在地上。作为渴盼孩子出世的父亲，我一连三天都没看孩子，也没照料妻子，全是岳母一家给妻子送饭。

自从我爱人怀孕之后，我一直企盼是个男孩。翻遍了字典，准备了好几个名字，当然全是男孩的。按辈分，孩子这一代是"世"字，什么"世展""世界""世翔"……全是男孩的名字。"是个女孩"，医生简短的一句话把我对男孩的企盼连同大脑给凝固住了。

直到年底，我还想不出给女儿取什么名字。如果再不报户口，就会耽误布票、肉票等当时生活必需的票证的领取。没什么文化的岳母早就看出我的一脸不满，说：“我想了几天了，就叫个‘珍’吧？”爱叫嘛就叫嘛呗，于是，王世珍这个名字，就是她姥姥给取的。

妻子在岳母家坐月子，我虽然每天下班都去，但也就是蹭饭而已。妻子是长女，在岳母家是核心，我们的女儿也就成了这一家子的快乐中心。不管是上班的还是上学的，只要回到家，大家都围着我的女儿转。

我也不自觉地开始往前“凑”了。看到女儿的笑，真奇妙，我凝固的大脑苏醒了，我冷漠的心田也滋润了。以前对男孩的朝思暮想，以及对女儿的忽略，一下子瓦解了。我现在有资格对大家说那句老掉牙的话——生男生女都一样，谁不爱自己的孩子？

当时的报纸杂志陆续刊登了一些家教文章，我便开始对女儿进行早期教育。在她头上悬挂着红色的大金鱼灯笼，让她睁眼就能看到；在她左边晃几下“哗啦”、吹几声喇叭，吸引她转过来，然后再到右边做同样的动作吸引她……

有一天，我在岳母家看到一本书《早期教育和天才》，是女儿的大舅从工厂图书馆顺便借来的。当时真的是激动不已，一下子就接受了书中的早期教育的思想。我接受，是因为它和已经融入我们这一代人血液中的《实践论》是那样地一致；我接受，是因为我爱我的女儿，我要让她成为优秀的人才。

不止一个高中教师曾对我说：“女孩小的时候都行，到了高中就不行了，这是智力的问题。高中学习好的都是男生。”这种观点来自他们的实践经验，但经验不一定能够经住实践的考验，因为它不是真理，何况真理也是变化发展的。那时我们响应号召，领取了“独生子女证”，彻底断了“男孩梦”。我绝不会让他们的说法成为我的现实。我马上用“居里夫人”“吴健雄博士”来驳斥他们。

“那能有几个？”他们不屑一顾。

“一个就是一百个，偶然包含必然。”我在心中坚定地说。

面对高中女生不如男生思维活跃的事实，我认真进行思考，很快就有了答案：不同的早期实践圈，造成男女长大后思维的差异。男尊女卑的封建意识早已融入中国的文化中，而这种文化影响着人的发展。男孩怎么玩也不出圈，什么都在男孩玩的范围内。而女孩玩就得像个女孩，那阵儿女孩踢球就被认为是“疯”“扯”“假小子”。

在一般的家庭教育中，男孩的早期实践圈大，是个大圆；女孩的早期实践圈小，是个小圆。假如同时以各自的圆为基础，让男孩女孩建造两座电视塔，那么，一定会出现这样的现象：小圆面积小，女孩建造得很快；大圆面积大，男孩建造得很慢。后来，小圆的塔高，但它不能再高了，因为基础小；而大圆的塔越盖越高，因为基础大。

孩子早期实践的范围越大，他得到的可持续发展的能源就越多。“早期实践”绝不是小学知识的下放，更不是识字和计算，而是内容广泛地认识世界万物，积累看过、摸过、做过的体验。

我下决心要像带男孩一样带女儿玩，玩得让所有贪玩的同龄男孩都羡慕。我要像带男孩一样带女儿参加广泛的实践，让她储备比同龄男孩更丰富的早期经验。是的，我要和女儿一起拓展一个最大的圆。

风和三角形

图形思维训练是开发幼儿智力的好方法，它适合在幼儿的玩耍中训练。往往有许多好方法，都毁在贪心的家长手中，好吃多给，把孩子撑坏了。

女儿两岁时画过一幅画：上边是一个圆，圆下边是一个像半条红领巾一样的斜三角形。我们问："画的是什么啊？"她说："我画的是风。"

怎么会是风呢？不就是两个几何图形吗？她指着三角形的右下角说："风把小姐姐的裙子吹起来啦！"这就是图形思考。幼儿园、小学、中学、大学，学习都离不开图形，现在女儿进行的病毒实验的工作，就像破解基因一样，都离不开图形的思考，离不开图形的表述。其他学科也是如此。任何抽象的东西，都可以变成最简单的图形。

孩子在玩中认识了很多图形，但我们不可能每天都有时间让她们辨认图形、比较图形。好在幼儿智力训练的图书中有很多图形，如辨图、拼图、走迷宫、找错误、七巧板、转魔方等。这些图书成为我们培养孩子图形思考力的教材。这类书二十几年前就有的是，很多家长都用过，但智力训练的书不同于童话故事，只要一把它当做教材，就出现了教育理念的问题。不在于你让孩子看没看，而在于你是怎样让孩子看的。

把这类书作为标准去衡量孩子、训练孩子，就是毁掉孩子最原始的渴望学习的欲望；把这类书作为孩子认识图形、训练图形思维的又一条途径，让孩子自由地在书中玩，会加速孩子思维的发展。

有的家长高兴地说："我儿子今年才 3 岁，四五岁的图形题都能做出来。"有的家长沮丧地说："我那儿子一走'迷宫'就迷糊。"这两种态度的实质是一样的，全把图形训练看成单纯的学习，而且是学校意义的学习，把训练题作为评价孩子的标准。

我们常会遇到这样的题："这是什么？"画了几只动物的局部，让孩子辨认后说出它是谁。要想答对，孩子必须具备相关的知识。有的能很快答出，有的答不准，这是很正常的。类似的题训练了孩子辨别局部与整体关系的能力。

我们就让女儿编题，她会说："我画个自行车车把，让他们猜自行车；画个圆耳朵、小眼睛，让他们猜老鼠；画个电线，让他们猜电灯……"可能她说的很离奇，但是她是注意了局部与整体。她说一说，画一画，就是积极地参与、主动地学习，就是在玩中学，不用担心家长的评判，无论她怎么答、怎么说，我们都会夸奖她"真聪明"。

还有一种从不同角度看物体的图形训练，例如，从大象后背的上方看大象，然后画出一张图，或者衣柜的侧面图等。我们就拿一个带把的水杯，让女儿从不同的角度看，起码可以画出三种图，从上面看、从侧面看、扣过来看。这是每一位家长随手就可以做到的。

书，成了我们举一反三的参考。更重要的是在孩子第一次接触课本类的书时，她知道书是从生活中来的，书不能把生活全写进去，她的新主意会使书的内容更丰富。看书，是她和小伙伴在玩游戏。这样坚持下去，她不会以书本为权威，不会有从众思维，而会有自己的思想。

使用这类书本还要注意年龄段的问题。一般书上都标明适合几岁的孩子，也有的是综合的，一本书中可能只有几道适合自己的孩子，有些甚至中学生也不一定说得准，因为涉及孩子现有的知识。

例如，画了一支步枪，步枪的扳机应是向前的“撇”形，却画成向后的“捺”形。孩子缺乏有关扳机的经验，当然画不准，再说枪的发展太快了，扳机的形状也变了，连我们都说不出来。家长应提前看看，备备课。根据孩子的实际能力和年龄段选择书本，尽量多练几册；对那些综合的、难度大的，能练几个就练几个，涉及什么知识顺便就讲讲，练过一册就放一边儿；千万别像小学学习一样又来一遍，那样孩子就没有乐趣了，就当做一本图画书，她什么时候愿意看就看，当然在看时她自己会有新的发现、新的提高。要做到从孩子的感受状况出发，要让孩子高兴，量力而行、适度超前。

图形思维训练是开发幼儿智力的好方法，它适合在幼儿的玩耍中训练。往往有许多好方法，都毁在贪心的家长手中，好吃多给，把孩子撑坏了。以至于在用书本进行训练时，一旦不把它作为玩的内容，会造成孩子对今后学习的冷漠，难免会成为“学习困难生”。

积木，一定要买

能让孩子手脑协调发展的积木，能不买吗？能培养孩子观察力、想象力、联想力、创造力的积木，一定要买。

我常想，如果我们有了外孙（外孙女），送给他们的礼物一定是积木。而且随着他们的成长，会送给他们更多的积木。女儿的今天，是她自己用积木建成的。

女儿小时候的玩具中，最多的是积木，有搭建积木、拼插积木、拆装积木等。二十几年来，都陆陆续续送人了，唯有一套马戏团积木一直珍藏着，直到搬家，再也找不到了，但那套积木给我们留下不可磨灭的记忆。

这套积木是一位数学老师的女儿小时候的玩具。那位老教师早已故去，他女儿现在也四十多岁了。那位老教师送给我们积木时恋恋不舍地说："十多年了，这是我们给女儿留下的唯一玩具。"

同事尹老师有个比她小一岁半的弟弟。我问尹老师："你们是不是经常在一起玩积木？""是啊。""谁玩得好？""他比我玩得好。""你们的几何成绩谁好呀？""他比我好。"

教了一辈子几何的老教师珍藏着孩子玩过的积木，玩积木比姐姐好的弟弟，几何成绩也比姐姐好。这不是巧合，我们坚信正确地玩积木，能够促进孩子空间思维能力的发展，促进孩子创造力的发展，而人与人的差异，其根本正是思维能力的差异。

就像许多家长一样，大约在女儿一岁时，我们就给她买了最简单的那种搭建积木。开始时她看着我们摆，摆出一幅图，她推倒了，在笑声中又摆第二幅……然后我们就问她想摆什么，她说："小桥。"我们就和她一起动手："把那个长方体拿来，对，就是它。"然后再让她拿正方体，搭成一座桥。

孩子喜欢自己动手，我们就来帮忙，其实是在帮忙中指导。"你要哪一个？红色的。这是长方体。"在游戏中巩固了对颜色的认识，又理解了几何体，学会了对几何体的分类……她按图摆出来，我们赞扬；和图不一样，我们更加鼓励。

她用一块扁木块搭在方木块上，说是"滑梯"，这是多伟大的创新。"滑梯"的形象先在头脑中浮现，她再观察积木中哪一种条块适应，从滑梯到积木之间的思维正是创造的过程，最后动手建造了"滑梯"。差不多所有玩积木的孩子都有这种创造的经历，这是孩子的天性。

为了鼓励孩子的创造，我们给她买相同的两套积木，材料多了更利于她的创造。再到后来有了那套马戏团的积木加盟，孩子的兴趣更浓了，在熟练的基础上，我们又给她买了复杂一点的，她摆了满满一地，连同她的小汽车、布娃娃等一些玩具，也都是她积木游戏中的一员。不是积木，也成为她积木游戏的代用品。

她常常自己一个人玩得很投入，只是在搭好了以后兴奋地向我们报告："我造了一座大公园。"搭积木还培养了她的注意力。

休息日，亲友的孩子和她一起搭积木，大家一边讨论，一边摆，可能比她自己摆玩得更好，她感受着合作的力量。有的时候因为一块没有放稳，

“大楼”突然倒塌，孩子也许会哭，家长一定要帮助孩子调整失败以后的情绪，寻找失败的原因，鼓励她重建。让她得到从失败到成功的体验。自由自在地随意搭建，怎么搭建都可以，搭积木既锻炼了独立学习的能力，又强化了学习的兴趣。最重要的是，通过玩积木所激发的创造力，是孩子一生获益匪浅的能力。

如果我们家长之间能交流一下孩子玩积木的经验，那就更好了。我们买两套相同的积木，就是同事张老师的建议。他给孩子买了两套相同的像小子弹一样的塑料拼插积木，孩子能插出许多图上没有的东西，我们就照搬过来。他的孩子毕业于天津大学计算机系，现在北京中关村从事软件设计，很有成就。

当然，我们也有失败的教训。过早地给孩子买了组装铁积木、七巧板、华容道，孩子没兴趣，扔到一边。所以，选择什么样的玩具要结合孩子的实际能力。

商店的玩具架上摆放最多的便是积木，各种形状、各种功能、各种颜色，太多了，太好了。能让孩子手脑协调发展的积木，能不买吗？能培养孩子观察力、想象力、联想力、创造力的积木，一定要买。

带孩子远行

没有孩子行动的自由，哪来认识的广阔？没有认识的广阔，哪来思维的发展？爸爸的脚比孩子的大，走啊！走起来，带着你的孩子。

学校组织大家到北戴河旅游，天蒙蒙亮就到了鸽子窝海滩。我和女儿都光着脚在石头下捉小海蟹、在沙滩上捡海贝，不一会儿塑料袋里就满满的了。

回到旅馆，我们刚把海蟹倒进盆里，牛老师就拽着比我女儿大一岁的儿子过来说："快给我们几个吧！你们都下去了，我们觉得天那么凉，还得脱鞋洗脚的就没下去，他急得又哭又闹。"

牛老师夫妇是极典型、极正统的中学教师，那男孩憨厚得像只大熊猫。

没有孩子行动的自由，哪来认识的广阔？没有认识的广阔，哪来思维的发展？爸爸的脚比孩子的大，走啊！走起来，带着你的孩子。

女儿几个月大时，听到座钟报时的声音，她的眼睛就顺声看去。我抱着她，打开钟盖，拨动钟摆，又响起清脆的钟声。后来，抱着她偶然遛到钟前，她的身子就往前探，伸出小手，我又打开钟盖，扶着她的小手推动钟摆。

女儿在我们的怀抱里，熟悉了家中的每一个角落。家中的一切，都是我们最直观的教具，是女儿认识世界的第一本书。只要说出屋里物件的名称，她都能准确地指到它。

女儿3岁就进了我们学校的托儿所。我带着她把学校全走遍了，无人时，进教室在学生的椅子上坐坐，拿粉笔在黑板上画画；到体育组，抱抱各种球类；进实验室，看看生物标本；到校办厂，见一见机床，就连校长室也去了，就为了拿起电话听听。

我不会放过拓展孩子认知能力的任何一次机会。

上小学前，动物园我们每年都要去两次，上学后每年也要去一次。那么大的动物园，那么多的动物，去一次只是“读”一遍。温故而知新，再去一次，兴趣更高，记得更牢。

我们的这双大脚，往往比孩子的小脚先累。因为我们会感到不耐烦，我们早就看惯了，还常常背着孩子、扛着孩子。而孩子渴望新奇，她们不烦、不累、兴致勃勃，催孩子回家的都是父母。

我不怕累，孩子们的脚长得很快，没几年就会赶上我们。累，不就是那么几年几次吗？这关键的几年几次，对孩子未来的影响是极大的。

我带着女儿越走越远，越走越快乐。

大雨到来之前，我抱着女儿站在屋外，感受劲吹的风，观看变幻的云；大雪纷飞，我背着女儿往公园跑，天地之间白茫茫一片，好像世界中只有我们父女俩。

我们你追我赶，摔倒了，就势打个滚，就是摔不倒，我也装着来个大马趴，那种愉快的体验无法形容。父女的亲情伴随飞舞的雪花和放怀的笑声。

假日里，我蹬着三轮车，带女儿到郊区的田野里玩。春天，沟渠边的芦芽钻出来了；田埂上最耀眼的是金黄的苦菜花；一串串榆钱走到树下才看得见；一挂挂槐花老远就闻到清香……

我们走到猪圈边看老奶奶喂猪，女儿可以一个小时不动地看；我们随着老爷爷放羊，女儿走多远也不让我背；我们走进暖棚里看叔叔种菜，叔叔让我女儿亲手摘下西红柿。很多人都知道我带女儿到处走，他们问：“你们孩子爱学习是不是和这个有关？”“你们孩子作文好，是不是和这个有关？”“是，当然是。”我的回答是坚定的，我的胸膛是挺起的，我的双脚是有力的。

聪明来自观察

心明缘于眼亮，聪明来自观察。

智慧之灯谁点燃？眼睛。思维之树何为根？眼睛。离脑门儿最近的是眼睛。几乎我们见到的所有动物，眼睛与大脑都是最近的。我不知道其中的原因，但我可以肯定地说心明缘于眼亮，聪明来自观察。

前几天，同事刘老师告诉我她经常在晚饭后，带着一岁的儿子在离家不远的街道散步。那条街上有好几家理发店，都有旋转的理发广告灯。一天散步回家，孩子冲爷爷伸出三个手指说：“……三个。”当时有三家理发店的广告灯没转。孩子爱看活动的物体，会把“动”与“不动”进行区分，还记住了有几个不动的。观察就是智力活动。

女儿小时候，用魔棍（一种折叠图形的玩具）折出一节节楼梯，中间一节是两块联在一起的“大楼梯”。我说：“错了，中间这节太高了。”就把魔棍拉直了，想让她重折，没想到她哭闹起来，“楼梯就是这样的，中间就是大的。”又折回原样。

那时我们住在平房，很少有上楼的机会，有一天，我们带她到住楼房的亲戚家串门，走到一楼半的拐弯处，她突然说：“对不对，楼梯就有一节大的吧？”原来，受魔棍功能的局限，她不能折出“一楼半”，于是折了个大的代替。仅有的几次上楼，她就看见了，记住了，制造了。

心理学认为“看”和“观察”有共同处，但不是一回事。以上两例是“看”的结果还是“观察”的结果？有兴趣地看，自然会逐渐形成观察的能力。只有量的积累才有质的飞跃。

女儿还不能翻身时，我们就在她头上悬挂一个大红气球，过两周换一个绿色的、蓝色的；墙上贴着圆的、方的、三角形的图片，大约半尺见方，先是一批红色的，再换一批绿色的；接着是不同颜色的圆形，不同颜色的方形；把挂历拆开，全贴在屋里墙上，挂历的色彩鲜艳，内容也丰富多彩，既有可爱的小动物，又有世界名画，也是过一段时间就撤换一批。

吃水果之前先让她拿在手里玩。玩就是看。一次吃橘子前，她说：“给我切开。”我们给她剥掉橘子皮，怎么她要切开呢？原来前几天吃橙子，橙皮不好剥，我们是用刀切开的。

过了些日子，我们拿来一个橘子，一个橙子，一个柚子，哄着她玩“猴子摘水果”，其实就是想法先不让她吃，让她动手拿，体验到这三种水果重量不同，样子不同，然后再分别剥开，看完了再吃。要吃西瓜了，今天横着切，明天竖着切，苹果也一样，这个横着切，那个竖着切，让她看到两种不同的现象。河蟹很贵，我们也买两只，一只圆脐，一只长脐，让孩子看够了，才蒸着吃。我们买鸡蛋也是这次买白皮的，下次买红皮的。为了让她看，买过鹌鹑蛋、鸭蛋，还托人从农村带来一只鹅蛋。

游戏也是培养孩子观察力的好方法。在屋里“捉迷藏”，我们存心露出一只脚或一个胳膊，让她发现。她藏好了，我们装做找不到她，这样能让她更加体会到“发现了”我们的快乐。有时在桌上放几样东西让她看，然后让她转过身，我们换掉一样，或者变换一下东西的位置，再让她看，做这类游戏要从简单的开始，而且事先要告诉她游戏的目的，同时，还要变换角色，让她“考”我们。

有一次，我的衣服上丢了一颗扣子，她妈妈就把一盒子各种各样五颜六色的扣子都倒出来翻找。女儿非常有兴趣地帮忙。这下子可好，我们的饭桌上又增加了“找扣子”的游戏：以一个扣子的形状或者颜色为样子，看谁找得多、找得快。我们在洗菜时，在收拾抽屉时，在整理小工具箱时，孩子都愿意参与，也都是锻炼观察能力的难得的机会。

另外，也可进行全家“命题观察”。比如，“找找咱家的圆”，大家把家中与圆形有关的东西全找出来记在一张纸上，当然先让孩子找，鼓励她去找，引导她去找。还要留几个，不一定这次全让她找到。当天我们会高兴地宣布：“今天我们一共找到了 20 个。”几天后，当父母把这件事都忘了，孩子会突然告诉你：“我又找到了一个！”

让孩子的眼睛亮起来，将来物理、化学、生物的实验，她会观察得很准；写作文时，她对描述的对象了解得很深……

心灵来自手巧

千万不要把游戏功利化，玩就是玩。玩就得动手，动手就要碰到问题，大脑会指挥他再动手解决问题。

汉字是世界上最富创意的文字。拇指所以选用“母”做声旁，因为它是五指中最大的一个，用途最广的一个，是五指的核心。加拿大的外科医生潘费尔德利用微电极刺激人体各部位，观察到大脑皮层反应的区域，绘制出大脑皮层上身体各部反应区的分布图。令人惊奇的是，人的手部虽小，但它在大脑皮层的反应区都很大，而且大拇指的反应区比其他四指都大。“拇”字造得多形象，多深刻。

汉语是世界上最富表现力的语言。成语“心灵手巧”生动地说明了脑和手的辩证关系，心灵来自手巧，巧手是孩子智慧的翅膀。苏联教育家苏霍姆林斯基说：“手和脑有直接的关系，因为手指的活动可以刺激大脑运动中枢，使神经细胞的功能得到迅速发展。”德国哲学家康德说：“手是外部的脑髓。”“心灵手巧”这个成语造得多经典、多实在。解放孩子的手，让他自由地玩；开发孩子的手，让他玩出创意。

手自由地动，脑才能自由地想。孩子自主地确定游戏的内容，自主地选择游戏的材料，他们的双手不停地接触物体，所有感觉到的信息源源不断地向大脑输送，大脑再及时地对信息进行处理。动手越多，信息越多，思考也就越多。自主地玩效果最好，他可能把积木当成汽车，他可能把曾经捡回的“破烂儿”派上用场，他可能把搓板当做一条河，家长的任务只是大声地赞美他，欣赏他。

自主的动手游戏，随着年龄的增加而发展。我们在对女儿的培养中，非常注重在游戏中培养她的动手能力。我们常做的游戏有：

1. 联线。在白纸上，女儿用一种颜色的蜡笔先画一条线，她妈妈换一种颜色联上，我再换一种颜色接上。有时联线段，有时联图形，有时联成一只小动物等。

2. 锻炼手指的能力。吃饭前让她分筷子，饭后拿出不同的豆子掺在一起，大家一起分捡豆子，还玩“串糖堆”，就是用冰棍棍儿串珠子。

3. 剪纸。买一把平头剪刀，把彩纸折叠后，用剪刀剪出最简单的图形。还可以剪许多碎纸，把原来那些涂涂画画抹上糨糊，撒上碎纸。

4. 玩水。弄一盆水，找来若干大大小小的干净瓶子，她自然会灌水玩。我们不给她漏斗，让她自己动手。玩水是孩子最喜欢的游戏之一。

5. 猜东西。三口人轮流被蒙上眼睛，然后拿三件物品分别让他摸，谁输了就罚谁。这些被猜的物品是另两个人临时现找的。这个游戏特别有利于触觉与思维的训练。

6. 撒棒。我们很多人小时候都玩过，把一把五颜六色的小木棒，在桌上撒开，然后先由一个人一根一根地捡起，如果碰到其他任何一根就停止，换下一个人。这是我们玩得最久的游戏，但现在市面上没卖的，可能考虑到孩子安全的问题，怕扎了眼。玩这类游戏一定要适合孩子的年龄特点，要有家长指导、陪伴。

动手游戏许许多多，俯拾即是。画画儿、捏橡皮泥、玩沙子、折纸、比画数字、模拟动作的手势游戏。家长还要创新花样，创新玩法。例如，我们在鞋上穿上铁丝，用短竹竿当渔竿，做一个大钩让孩子站在地上，或坐在床铺上钓鱼玩。自己用两个杯盖做一架天平，简单得像跷跷板一样，让孩子称豆子玩。为了平衡，她必须动手啊！

千万不要把游戏功利化，玩就是玩。玩就得动手，动手就要碰到问题，大脑会指挥他再动手解决问题。瑞士心理学家皮亚杰说："智慧是动作的内化。"那么手肯定是孩子智慧的翅膀。

让孩子往疯了玩

一个总是玩不痛快、玩不快乐的孩子，是没有信心的孩子，是心理不健康的孩子，是不容易成功的孩子。我们要尽可能地为孩子创造获得高峰体验的条件。很简单，给他时间，不加干涉，让他随心所欲、自由自在地玩。

同事王老师有个4岁的男孩，一天，孩子们在小区公园玩滑梯，那滑梯像一个红桶。孩子越玩越高兴，想起刚看过的动画片，在他眼里，红桶滑梯成了动画片中的溶洞，他大声喊着："我有超能力！我是太阳，我喷火！我是月亮，我喷水！"此刻，他成了动画片中的主人公。

"玩疯了！"王老师脸上挂满笑说，"我发现孩子玩疯了的时候，是他最美的时候，是他说话最多的时候，是他思维最活跃的时候。”

多么伟大的发现！玩疯了的时候，无忧无虑，没有了疲劳，忘记了吃饭，不知道冷热，只有快乐、快乐。这是一种极其美好的感觉，这是一种最佳的心态。

美国心理学家马斯洛说：“我注意到这些人常常说自己有过近乎神秘的体验。这种体验可能是瞬间产生的、压倒一切的敬畏情绪，也可能是转瞬即逝的极度强烈的幸福感，甚至是欣喜若狂、如醉如痴、欢乐至极的感觉……”

马斯洛把这种体验称为“高峰体验”。玩疯了的感觉，就是高峰体验的感觉。

好在每一个孩子都曾经历过这种体验，好在我们每一个家长在童年也曾拥有过这种体验，即使在现在，当你全身心地投入某种活动获得幸福时，当你长时间思考某个问题而突然顿悟时，都会感到非常舒适、非常自在、非常快乐。“高峰体验”是积极的心理状态。

一提体验，我们往往都会想到社会经验，很少想到心理经验。任何人成长的过程，都是经验积累的过程，心理经验是必不可少的。一个总是玩不痛快、玩不快乐的孩子，是没有信心的孩子，是心理不健康的孩子，是不容易成功的孩子。

人们常说：“找到感觉了。”感觉不就是心理体验吗？玩疯了，就是玩出成功了，玩出快乐心态了。玩得到的快乐心态与学习得到的快乐心态是完全一样的。

我们要尽可能地为孩子创造获得高峰体验的条件。很简单，给他时间，不加干涉，让他随心所欲、自由自在地玩。

例如，让他自由自在地画画，我们是由衷的欣赏者；让他无拘无束地跳舞，我们是热心的赞美者。不要给孩子一点打扰，晚吃会儿饭算什么，孩子得到的是高峰体验，是他们将来在学习上、工作中、生活里要追求和再现的最美好的心态，最快乐的感觉。

玩是根本

身边任何她要玩的，我们从没有制止过，只是做好她的保护人，注意她的安全。我们还带她创造游戏，想方设法让她玩得高兴。

席勒说：“人只有在游戏的时候才显示出本来面貌。”

什么是“本来面貌”？从大处说是成长，是发展；从小处说是好奇，是学习，是不断地创新。以人为本就要遵循人的发展规律，幼儿期的孩子，就是以玩为本。

孩子会走路以后，赶上修马路堆出个土埂，她非要往上走，夏天雨后的小水洼，她也要踏几脚，路边的水泥管，她一定会从中钻过。体验新奇，寻找新奇必然会在今后的游戏中创造新奇。

身边任何她要玩的，我们从没有制止过，只是做好她的保护人，注意她的安全。我们还带她创造游戏，想方设法让她玩得高兴。例如，我们夫妇常站在床上，把床单对折，让孩子躺在上面，我们抓住四个角荡秋千；在地上铺上草席，支上两把椅子，把床单盖上，为她搭一个帐篷；还把床单当做幕布，自编自演木偶戏，家里任何一件东西都可以是任何一个“木偶”。

有一天我们坐在路边乘凉，女儿和几个小朋友玩过家家。她用草叶“包粽子”，在白石灰碎渣里放几个砖渣，说是“枣”的，放几粒煤灰渣，就是“豆馅”的。把“粽子”放到瓶子盖里还“煮熟”了。我们接过她包的“粽子”，装着咬一大口，说：“真好吃——不行，还得来一个！”她又去包了。

这样的创造性游戏，孩子们都曾有过。有一次，同事郑老师的女儿在学校捡到两只蜗牛，蜗牛都干了。她找到一片树叶，用树叶盛上些水，把蜗牛放在水里。她还找了一根包装绳把落在地上的花瓣串起来，做成一朵“花”。

玩是一种基础的学习，这样的理念一旦确立，家长就会自觉地留心孩子玩、欣赏孩子玩、鼓励孩子玩、参与孩子玩、指导孩子玩，而且让玩伴随孩子成长的全过程。玩是最平凡的事，但家长要做出不平凡的坚持，玩是最简单的培养能力的招式，家长要和孩子把这一招练到极致。

女儿要养蚕，我就骑车到农村去寻找桑叶；女儿要踢足球，我就按书上的介绍教她过人动作。女儿和几个同学成立了一个“AC 马赛红星队”，我就去给她印队服。女儿考上大学后，回到家对我说：“同学们在一起聊天，‘你爱好什么’‘她爱好什么’，当问到我时，她们问我‘你不爱好什么？’”

女儿的爱好太多了，这都是玩出来的爱好。女儿说这句话时，是骄傲的，她感到了大家的羡慕。也有同学说：“你多可怜呀，比我们早 4 年上大学，童年多苦呀，光学习啦！”“我从小玩得比你们谁都多！”

就在大学报到的那天，她在操场上捡了个没气的足球，还想着玩呢。

带孩子去探险

在探险中，她离不开我的保护。这种心理体验，使她更爱我，更尊敬我，这些都促进了亲子关系的融洽。

单位去旅游，同事带着她上六年级的男孩。刚进山，兴奋的男孩指着身边的石头对我说："我敢说每一块石头都有它的来历！"我们都笑了，也许有人笑他无知，而我却为他被大自然而激发的想象而笑。

"每一块石头都有它的来历"，多么激动的心情，多么活跃的想象。

如果带孩子去探险，更能激发他们的想象。

假日里，我蹬着三轮，带孩子到农村去玩。公路边是一条小溪，小溪的堤很宽，两旁是树，我让她和小表妹到堤上走，我蹬着三轮在公路上跟着她们。她们走得很快，一直没有停下来。我说："你们在那站一会儿，看看小溪。"但她们只是微停一下就走。到了路口，没等我喊，就爬到三轮上。

从路边到稻田，有一片芦苇，也不过几米宽。我给她们每人一根树枝，说："咱们从芦苇中穿过去，用树枝拨草，要是有蚂蚱就喊我。"她们举着树枝，几步就蹿到田堤上。

回到家，她才告诉我："在小溪边走时，我特别害怕，就怕从小溪里蹿出一条大鲨鱼，为什么我们走得那么快？谁都不敢落在后头！要是走在后边，就喊一声‘等会儿’，然后赶紧走到她前边去。过芦苇地时，我们就怕钻出一条大蛇来。”

城市的孩子也够可怜，没想到郊游成了探险。她所读过的所有惊险的故事，这次都集中在这次惊险的体验中。她说：“我当时的心怦怦地跳，就怕你不在路边上看着我们！”

“那下星期咱就不去了。”我说。

“去，去，还去！”

再去的时候，我带她走过小河上几块木板架的小桥，第一次是慢慢地蹭过去的，走几次后，胆子大起来了，像农村的小朋友那样走来走去。我带她看河边的草垛，告诉她草垛里会有刺猬，她壮着胆子踹草垛一脚，然后赶紧跑到我身边。

这些经历，都被女儿编进她“瞎编”的故事中。同学们说王世珍编的故事特吓人，是因为她在探险中害怕过，她特别爱看科幻小说，是因为她在探险中体验过。在探险中锻炼了她勇敢的性格和健康的体魄。另外，在探险中，她离不开我的保护，这种心理体验，使她更爱我，更尊敬我，这些都促进了亲子关系的融洽。

探险激发了她对大自然的热爱。她 4 岁时，有一次单位要去盘山旅游，我说：“明天必须早早起床。”

她说：“没事，我能憋住困！”

带孩子走向大自然，让她成为探险者，让孩子玩得心跳。

在玩中追求创新

创新就在日常的生活之中，创新精神就得从小培养。孩子的创造力，在游戏中表现得最充分，他们常常追求一种新体验，每一次新的感受使他们格外兴奋。这就是创新的快乐。

春节，女儿到海河公园玩滑梯。草坪已经枯黄，但仍然厚厚的，蓬松柔软。跑着跑着，孩子摔倒了。

“打个滚儿！”我说。她躺下，从这头滚到那头儿，乳白色的防寒服沾上了草，头上也挂着草。我们并不在乎衣服，衣服是为人服务的。女儿在草地上快乐地打滚。

我们开始玩滑梯，人不太多。孩子们都是顺着阶梯上去，再坐着滑下来。起初，她也是这么玩。有个小朋友躺着滑下来，她也躺着下来。几次之后，她开始变换姿势，一会儿侧着身滑下来；一会儿两条腿交叉，双手托着后脑勺滑下来；一会儿趴着，脚朝下滑下来。最后竟然头朝下趴在滑梯上。我大声喊道：“不行！”

她已经滑下来了，向前伸开双手，到地上还滑出老远。

这一发便不可收。

再爬到上头，趴好，伸直双拳，嘴里高喊：“人间大炮——一级准备——

二级准备——克塞前来拜访——”飞驰直下，满脸通红，浑身是汗（这种玩法很危险，请勿模仿）。

我们高兴，有人却在一旁看不惯。一位年轻妇女，领着一个和世珍差不多大的男孩儿。那男孩儿微笑着看世珍玩，几次要挣脱他母亲的手。她母亲也笑着看世珍，不过，低声对儿子说：“咱可不那样，多疯啊！新衣服都脏了！”男孩想往前凑，他母亲紧紧地拽着他：“咱走，咱走。”男孩儿一步一回头，是被他母亲硬拉走的，那双可怜的眼睛，又羡慕，又无奈。

我不知道那男孩是谁，但我敢肯定，在学习上，他肯定不如我的女儿。倒不是因为滑滑梯，而是滑滑梯时，父母不同的教育理念！

创新就在日常的生活之中，创新精神就得从小培养。孩子的创造力，在游戏中表现得最充分，他们常常追求一种新的体验，每一次新的感受使他们格外兴奋。这就是创新的快乐。这快乐的心理经验，积累多了，就有了质的飞跃，成了他追求创新的习惯。

未来的发展，没有创新精神行吗？“人间大炮”的玩法，并不是她的创新，也许她曾见过别人那样玩，现在她自己试着做了。尝试别人的做法，自己得到体验对于自己也是一种创新。这种新的体验，让她今后更加勇于尝试新的事物。

这样说来，别说一件防寒服，十件防寒服与培养孩子来比，家长也舍得。

每次讲起这件事，我就想起那个可怜的男孩。

Part 2

读

我这一生做得最好的事就是戒了烟，买了书。从这个角度来看，女儿的博士学位是我戒烟戒出来的。让孩子比父母读更多的书，比让孩子考入大学更重要。

书是必需品

一个家，什么都没有，也不能没有书。学习改变命运，学习成就未来，而学习的主要途径，就是读书。

我的童年除了上学，就是玩。找父母要钱，买吃的可以，买课外书万万不行。读小学三年级时，楼内搬来一家邻居，他家的二儿子和我同班。赶上他家中无人，就带我去他家玩。我第一次读到《小朋友》，认识了《大林和小林》，看到《三毛流浪记》，了解了许多奇妙的动植物知识。在他家的读书日子，才是我真正的启蒙。

我父亲是公司的助理工程师，其实就是没有文化的八级工，母亲是家庭妇女，也没有什么文化。同学的父母都是公司机关的高级职员。我的学习一直不如这位同学。学校演话剧，他是主角，我是配角；演歌剧，他是主唱，我是群众演员。如果没有他的影响，我连配角也当不上。我们谁也没有他懂得多。

他就是比我强，无论是过去还是现在，我忘不了第一次看见他的情景：我们几个站在一边怯生生地看着他们兄妹玩耍，他看了我们一眼，是微笑着的。直到现在我才懂得，那是自信，是气质。而这些都来自他生活的环境。他有书，我无书，尽管我父亲的工资和他父母工资的总和一样多。

我们暂不谈父母对孩子人品的影响，但肯定地说，是书发挥了巨大的作用。天津日报社有位总编辑读小学时，要买一本《现代汉语小词典》，钱不够。当时他的父亲正在住院。听到儿子的要求后，过了几天，从枕头下拿出自己省下的医院饭票，让他换成钱，才买了那本小词典。父母不必有高深的文化，他对孩子的爱、对书的爱、对知识的爱，深刻地影响着孩子对学习的态度，对人生的态度。

我们学校有三位老师的孩子参加高考，一位考入北京国际关系学院，一位考入清华大学，一位考入天津科技大学。与一般家庭相比，他们的书多是无疑的。那位孩子考上国际关系学院的同事深有感触地说："我生长在工人家属宿舍区，有一位同学父母是工厂的技术员，人家家里还有书架，她的气质和我们就是不一样，现在咱们也行了，咱的书更多了，咱的孩子一出去，别人也羡慕咱啦，气质就是不一样。"

我非常理解她的感触。就是因为我在同学家发现了书，发现那些课外读物，我才对书有那么强烈的兴趣。我的父母没有为我办到的事，我要为我的孩子办到。一个家，什么都没有，也不能没有书。学习改变命运，学习成就未来，学习的主要途径，就是读书。

戒烟买书

我这一生做得最好的事就是戒了烟，买了书。从这个角度来看，女儿的博士学位是我戒烟戒出来的。让孩子比父母读更多的书，比让孩子考入大学更重要。

我是“老初二”，“文革”中到农村插队，从那时开始吸烟，选调回城后，仍然是一天一盒多。我下决心戒过几次，有一次一连8个月一口不吸，可后来，就因为再三推辞不下别人的一支“喜烟”，又吸了。就这么一支，8个月啊，只有戒烟的人才知道其中的痛苦，8个月的努力，全完了。

在孩子一岁多时，我读到那本《早期教育和天才》，使我对女儿的教育有了理论支撑。买书，让书伴随女儿成长，多买书，让女儿成为阅读最富有的人。前几次戒烟的目的都是“为了身体”，“别让孩子被动吸烟”，而这一次戒烟，我是发了誓的：如果我戒不了烟，唯一的女儿就不会教育成功！

当时我每月的工资只有38元。发工资的那天，我找爱人要出10元“烟钱”，每星期都要到新华书店为女儿买书。天津和平路有个著名的“少儿书店”，只要有适合孩子的书我就买。书店里一批书卖完了又进一批新书，我们家里的书的种类有时比书店里还要多。

那时《三国演义》的连环画还没有全套出售，单本发行。我抄好目录，买到一本划去一本，《水浒传》《岳飞传》《西游记》都是这么凑齐的。吸烟瘾变成了购书瘾，要是有一周没去书店买书，比犯烟瘾还难受！

买了多少书，没有具体计算过。特别要说的是这些书全是我给女儿读过、让女儿自己读过的书。随着女儿的成长，她的大部分书都在亲戚家中传看，现在回归的只是一部分，少说也有几百册。读过这些书的五个亲戚的孩子，全部考上了大学。这几个孩子的健康发展自然与她们各自的家庭教育密切相关，然而共同的一点就是自幼读过许许多多的大致相同的书。

我为女儿买的书大体有以下几大类：

一是以图为主类。这类图书每页的图画色彩鲜艳，形象特点鲜明，便于家长讲解，利于孩子识记，主要内容是动植物，常见的物体、不同年龄的人、不同身份的人等。书上常标明适合几岁至几岁，也有几本一套的。我们通常是把以单图为主的集中起来，多多益善。不要怕重复，不同版本同一物体也是色彩略有不同，形象略有不同，多看只能更有益。另外，还有一些幼儿认读的挂图也非常好，我们也买来挂在家里。

二是看图识字、智力训练类。幼儿一日一课、幼儿学算术、幼儿智力训练、画谜、迷宫、涂涂画画、撕撕贴贴。这些书都像是教材，我们可以循序渐进由浅入深地辅导孩子。其中基本都是孩子直接参与操作的，对开发孩子智力非常有好处。

三是故事童话类。这是占藏书总数最多、对孩子影响最大的一部分。低幼童话、童话故事、古代寓言等。没有童话的童年，是有缺憾的童年。各种童话如同光彩夺目的雨花石，使童年生活丰富多彩。

四是科学探险、科幻小说类。孩子具有一定阅读能力之后，好奇心不断膨胀，这类作品是他们的必然选择。

五是根据不同年龄订阅的不同杂志。例如，女儿在幼儿阶段，凡是出版的幼儿杂志我们几乎全订阅了，有的是月刊，有的是半月刊，像《童话大王》《儿童漫画》《漫画》《小学生作文》等。

另外，在买书时，我们根据孩子的兴趣，比较注意集中买一个作家的作品，例如，郑渊洁童话、阿·林格伦童话。有一阵儿，女儿对哪吒感兴趣，我们就买了《哪吒父子》《哪吒》《哪吒传》三本儿童小说，加起来近20万字。还买了哪吒的一套连环画。

我记得有个出版社，把小学生课本中的全部故事都编绘成单本画册，有中国神话、寓言、外国童话，也有《黄继光》《雷锋》，我们一册一册全买齐了，女儿在上小学之前，已经熟知课本上的每一个故事。

如果每一本书都是一盒烟的话，是一屋子书好，还是一屋子烟好？我这一生做得最好的一件事就是戒了烟，买了书。从这个角度来看，女儿的博士学位是我戒烟戒出来的。

让孩子比父母读更多的好书，比让孩子考入大学更重要。

早期阅读

老乡的贪心、愚昧，毁掉了一把珍贵的小提琴。理念决定着他的行为。在家庭教育中，我们曾得到过许多珍贵的小提琴，只是像那位无知的老乡一样，给它们漆上了白油漆。

“文化大革命”中野蛮的抄家，毁坏了多少珍贵的文物，一些工艺品流失到收破烂的人手里。“文革”后期，一位音乐学院的老师到偏远的山村采风，偶然在一个老乡家发现一把小提琴。凭他的专业知识，一眼看出这是非常珍贵的琴。浅褐色的琴体已经磨出黄色的木纹，越发显出它的典雅、高贵。他决定买下这把琴。

老乡开始不断提高价钱，双方谈定200元，这相当于教师4个月的工资。商定第二天教师带钱来，一手交钱一手交琴。

老乡万万没想到这把旧琴值这么多钱，他后悔要少了。他想：如果是一把新的，那不就更值钱了，于是，他翻出一罐白油漆，把小提琴漆成白色，他想在明天找教师多要点钱。

第二天，教师进门时手里拿着200元，他一眼看到那把漆成白色的提琴惊呆了。老乡说：“我漆了整一个晚上，漆了三遍呢！”教师说：“我要的是昨天看到的那把琴。就因为你给它漆上白油漆，它已经一分不值了。”

老乡的贪心、愚昧，毁掉了一把珍贵的小提琴。理念决定着他的行为。在家庭教育中，我们曾得到过许多珍贵的小提琴，只是像那位无知的老乡一样，给它们漆上了白油漆。

还以读书为例。书是天才的摇篮，早期阅读可以培养幼儿对阅读书籍和文字符号的兴趣，培养阅读习惯，获得阅读技能，全面提高综合素质。读书成才的理念，好像一把小提琴，而家长却改变了它的模样，把早期阅读，变成小学生的早期学习。

有的家长指着书名让孩子一个字一个字地读。当孩子读出书名后，家长会盖住这个字让他认那个，挡着那个字让他认这个；指着图让孩子讲，讲的有一处与文字不同，便马上纠正孩子，并且会很权威地说：“不对，不对！”

孩子会背几首儿歌、唐诗，家长也不管孩子正在干什么，拽过来就命令：“快点给阿姨背唐诗。”不是显示孩子，实则满足自己；这些家长把早期阅读漆上了“早期应试阅读”的白油漆。

什么是早期阅读？有哪些途径和方法？别人有哪些经验与教训？我在实践中有哪些得与失？家长要摒弃功利观念，要学习、理解早期阅读的知识，早期阅读才能是孩子成长的摇篮。

关于早期阅读，我国许多学者有精辟的论述。

北京师范大学教授祝士媛指出，幼儿阅读的读物主要有“无字图画书，以图为主、以字为辅的图画，图文并茂的图画”，早期阅读应以前两种为主。

台湾学者张杏如认为：①早期阅读是在幼儿时期通过无数的阅读经验培养幼儿阅读能力、习惯和兴趣的过程。②阅读不等于认字。③早期阅读是孩子整体学习的一部分。④阅读包括听、说、写的综合能力。⑤阅读能力的发展，有其历程，也要有方法。

舒华教授谈到早期阅读方法时指出，分享阅读是父母或教师与儿童共同读书的一种形式，它试图通过引导幼儿阅读配套的、有选择的故事读本达到事半功倍的学习效果。分享阅读的原则是：在互动中享受快乐，在快乐中学习阅读，在阅读中悄悄成长。

华东师范大学张明红教授认为，培养儿童早期阅读的目标意识，未来会定位在以下五个方面：①重阅读素质教育，轻阅读应试教育；②重整体阅读，轻片面阅读；③重阅读的深层功能，轻阅读的浅层功能；④重阅读的创造能力培养，轻阅读操作技能的培养；⑤重儿童自主阅读意识与能力的培养，轻儿童被动阅读和被动识字的教育。

我最崇敬专家、学者，深知理论才能解决本质的问题。他们提出的这些早期阅读的理念，都是一把把珍贵的小提琴，万万不能漆上白油漆。

怎么读

读书就是让孩子对读书活动本身保持强烈的兴趣，让书成为孩子最亲密的伙伴。一句话，孩子怎么高兴就怎么读。

书山有路勤为径，“勤”在细节上。细节决定成败，读书的细节决定了孩子能否爱读，能否会读，能否读书成才。而攀登书山的抓手，就是家长指导孩子读书的细节或方法。

有一位老妇人，坐在自家窗前，透过玻璃看到对面的一家主妇晒衣服，衣服总是没洗干净。有一天来了一位邻居，老妇人就说：“你看，她家的衣服又没洗干净。”邻居看了看，把老妇人窗户玻璃擦了擦。她说：“您看，不是人家的衣服没洗净，而是您家的窗上的玻璃脏了。”

有些家长总爱埋怨孩子，说孩子看书没长性，就知道玩。肯定是你辅导孩子读的方法有问题，而不同方法反映的是不同的理念。读书，对孩子来说，是又一种形式的玩，千万不能把读书当成是小学课堂学习的提前，读书就是让孩子对读书活动本身保持强烈的兴趣，让书成为孩子最亲密的伙伴。一句话，孩子怎么高兴就怎么读。

再者，就是读书时的方法。我有以下几点体验供大家参考：

1. 定时间，定地点，定内容。这样做最有利于孩子形成条件反射，久而久之形成习惯，而习惯是孩子优秀学习品质形成的基础。孩子上幼儿园时，回到家晚饭后半小时是固定的学习时间。讲故事，做幼儿一日一课，做手工，做游戏，这些内容都是提前安排好的。

地点就是家里的一张小桌，长方形茶几一样，桌面大小、高低正合适，一把小木椅。如果让孩子坐在成人写字台前就不方便了。每晚临睡前，躺在床上读故事，这就是“学习”。晚饭后，女儿经常催促我们：“咱们该学习了。”她理解的“学习”就是坐在小 桌前的读书和游戏。

2. 把书用活。我把每本画册都粘上皮儿，而不是包上皮儿。封面是书的脸，是最精彩的一页，我裁好相同大小的硬纸粘上，工工整整写好书名。比如，《白雪公主》，我指着粘上的书皮读“白雪公主”，翻开书皮是封面，又读“白雪公主”，打开封面是扉页，再读一遍“白雪公主”。然后开始读内容，读完之后问女儿，“这个故事叫什么呀？”接着，重新翻开书把书名又读了三遍。

读着故事，女儿又进行汉字的整体认读。基本上都是五本同类的书用皮筋捆在一起，每晚读 5 本。过一个月，再把所有的打乱，重新编成 5 本一组。重新编排的目的就是买西红柿搭小白菜，兴趣大的兴趣小的都得听，同时也更益于孩子思维、记忆的发展。

3. 用故事带谜语，带科普童话。由于受生活经验所限，孩子不大爱听科普童话，当然随着年龄的增长会发展变化的。我们在读了两三个故事后，常给孩子读几则儿童谜语，读几首儿歌，引导她的兴趣。选了些较短而且有趣的科普作品，先和女儿商量，告诉她这本《动脑筋爷爷》可有趣啦，让她决定先讲这个故事还是先讲《小红帽》。

总之，有许多的书孩子不感兴趣，可以用这种方法一次带一点儿，逐渐丰富她的知识，培养她新的兴趣点。

4. 读目录。每次读完故事我都领着她读一遍目录：“今天我们讲了几个故事？”“5个。”“第一个是——”引导她自己答出来。一周后要把一周读的全拿出来，说：“这星期我们读了这么多，咱们看看都是哪些？”读书名起到复习的作用。如果选一本中长篇童话，读几章就要读一遍前几章的目录。这也是复习，加深孩子的记忆。

5. 自由读。在固定的时间里，也可在孩子自由游戏的时间里，把书全拿出来，她自己爱怎么看就怎么看。有的书，她会翻得很快，有的书会看得很慢，这就是通常所讲的精读与通读的最初实践。家长千万不要干涉，阅读能力的最终形成全靠“自由读”。

辅导孩子读书的方法有许许多多，家长要重视方法，寻找和改进方法，让有效的方法成为孩子爬山的抓手、成长的基石。

撕书万岁

不是孩子不会创造，而是我们家长缺少发现创造的眼力，因为我们的观念陈旧，甚至还在扼杀孩子的创造力。

撕书是每个人幼儿期都曾经有过的行为，几乎都会遭到父母的批评。在我看来，幼儿撕书是玩，是思维，是创造。他对书的理解和成人完全不一样，如同你给他一百元大票，他照样会撕。这不是他的错。书的一页就是一张纸，孩子用自己的双手把纸撕破了，原来的形状被改变了，创造出新的形状，而且还能听到声音，他感到自己的力量，看到了因果关系的过程。这是一个快乐的情感体验，而任何创新都离不开快乐的心态。

破坏性行为，是孩子创造力的最初表现。当女儿第一次撕书时，我们就把书换成白纸、报纸，不但让女儿撕，还帮助女儿撕，不止撕成条，还撕成碎块，集中起来往上抛，像下雪一样，床上地上全是碎纸片。幼儿撕书阶段仅仅是几个月，他们的创造力还要从其他方面表现出来。

例如，用积木搭建一座大楼，他偏偏要推倒了，听着“哗哗”声，看着顷刻间散落的木块，他开心极了。家长不必着急，你们再一起动手建造一座，不定期让他推。不就是玩吗？他的能力在玩中增长。

孩子不撕书，就要拆东西，把玩具小汽车拆了，非要看看方向盘能不能转动；把闹钟拆开，想弄明白它为什么能走；把半导体打开，看看里面怎么会说话。很多学生对我说：“拆东西时，把螺丝拧下来，把盖子打开，那阵心里最美啦，后来怎么装也装不上，家长回来就训斥一顿。”

东西坏了再买，“好奇心”坏了，坏了孩子的一生。

听父母的话，依赖父母的爱，是每一个孩子的必然行为；对事物感兴趣，要认识世界，要发展好奇心，也是孩子精神发展的必然，本来并不矛盾，只是孩子破坏了东西，家长便不能接纳孩子的这种创造的行为。

“好奇心”引发的创造行动与父母的要求矛盾，孩子产生的是过错感，而过错感的经历始终伴随着他的好奇心，有创新的冲动他会胆怯。家长的错误做法，为孩子思维的发展设置了障碍，也破坏了孩子未来学习的能力，甚至有的孩子在拆坏家中的东西后，为了保护自己而不得不说谎。在这样的心态下，孩子不但不能发展创造力，而且会形成不良的品行。

孩子不破坏，倒真的有问题了，只要你留心观察，孩子在玩中都会不断出现破坏行为。比如拉了一卡车积木，孩子非要倒在地上，不让家长收拾，他要从上面迈过去，把散落的积木当成一条河；把枕头扔到地上，踩在上边，说是爬山。不是孩子不会创造，而是我们家长缺少发现创造的眼力，因为我们的观念陈旧，甚至还在扼杀孩子的创造力，所以我要用这个标题，为您充满创新能力的孩子大喊一声——撕书万岁！

反复读同一个故事

反复听一个故事，是孩子思维发展的必然阶段，是思维发展由量变到质变的重要阶段，也是很短的一个时间阶段。他们要反复听，我们就反复讲，孩子的思维发展，家长的舌头累不掉。

所有的家长可能都有一个共同的经历：孩子在两三岁时，总是让父母讲同一个故事，一遍又一遍地重复，孩子却依然津津有味。家长困得打盹儿，读错了一个字，孩子马上说："错了！错了！"很多家长对此不耐烦，开始应付、推托甚至训斥。家长烦的不是读故事，而是没完没了地读同一个故事，并且看不到希望的尽头。

孩子在一个简单的故事的不断重复中得到乐趣，和成人没有任何区别。不是吗？大街上的青年人，戴着随身听，反复地听着同一首流行歌曲；公园里的老年人，眯缝眼睛哼唱着重复了大半辈子的京剧唱段；集邮者不知欣赏过多少次那枚珍爱的邮票；藏石人可以长久对坐，与那枚奇石做心灵的对话；运动员为一个动作反复训练；科学家为一个现象不断思索。大人的乐此不疲，与孩子的津津有味多么一致。在旧的重复中，他们都得到新的感悟，新的快乐，新的发展。

孩子为什么爱听故事？他们看着鲜艳的图画，听着语言形象的描述，联想到他们相似的生活经验，通过想象，理解了故事。例如，我们讲一只小鸭子的故事："小鸭子，大脚丫，一不小心摔倒啦！"孩子知道"脚"，也有"摔倒"的经验，他们会自然地想象自己的脚，自己摔倒的感觉，而且，想象那只鸭子就是他自己。

假如我们给孩子讲五个不同的故事，而这个有相关体验的故事，一定是他们最爱听的故事。听故事必然要想象，而想象又离不开孩子在实践中积累的表现。孩子只爱听这一个故事的时候，我们又给孩子讲了五个故事，既认识了小蚂蚁，又认识了小瓢虫，那么孩子得到的这些新的表象，会支持他更喜欢小鸭子的故事，当讲到小鸭子不踩小蚂蚁，小鸭子不踩小瓢虫时，孩子的想象会更具体，自然更理解这个故事了。

由于孩子的实践范围的局限，他们积累的表象很少，想象受到限制，不可能每个故事都喜欢。当有一个动听的故事，美丽的图画，正好与他们积累的表象重合面积最大的时候，就进入想象力发挥的最佳状态。每反复一次都有一次新的体验，新的理解。另外，孩子在自己的经历和以前听故事中积累的心理体验，都积极参与对新故事的理解中。

如果现在提起李白的《静夜思》，我们成人首先回忆到这首诗表达的情感，然后才是句子。因为这首诗我们烂熟于心，我们所体验的是诗的整体的美。为什么一首熟悉的歌曲，久久没听，一旦想起开头，整首歌全都能唱下来？因为歌曲的整个旋律一遍又一遍地融入记忆之中。故事也是一样，形状、发展、结尾，有固定的结构，还有鲜艳的图画，生动的词汇，优美的声调，这里有不同于歌曲、不同于诗歌的旋律。听得越多，形成的条件反射越强，只要一讲故事，就立即呈现出听那个故事的快乐的体验。

孩子爱反复听一个故事，也是家长的功劳。孩子依偎在家长身边，感受到家长的气息，听到家长的声音，得到家长的爱抚，沉浸在深深的爱中，这是只有父母讲故事时才能得到的幸福体验。他们爱听故事，也爱享受这种安静之中的幸福。亲子阅读，互动的阅读是对孩子效果最好的阅读。

反复听一个故事，是孩子思维发展的必然阶段，是思维发展由量变到质变的重要阶段，也是很短的一个时间阶段，他们要反复听，我们就反复讲，孩子的思维在发展，家长的舌头累不掉。

我们最初给女儿读的是无字图画书，读时用普通话，声调要平缓，选词要生动，多联系她曾经经历过的事物，多用比喻。有时引导她做出一些动作，例如，"小花猫怎么搬砖呀？""小白兔怎么摔倒呀？""小熊怎么哭啊？"为的是鼓励她联想，唤醒积累的表象。

这时就出现反复讲的现象。后来，读以图为主的书时，反复的时候就更多了。首先，我们有求必应，一定要认真地反复读，她需求的时候，正是她主动发展的时候。其次，我们有意先给她介绍一本新书，告诉她讲完这个再讲那个，当然要全力把这个新故事讲好。一定要精心准备，让新故事更精彩。第三，每次把五本故事书作为一组，讲完之后，再给她讲那个要重复的。第四，多带孩子玩，玩也能为阅读增加表象积累，加快她对故事的理解，促进思维的发展。

别嫌麻烦，对简单的事不断重复就是超越，孩子在反复听读中享受到阅读的快乐，想象的快乐，能力增长的快乐，为思维的质的飞跃进行着量的积累，我们何乐而不为呢？

记下孩子的读书趣事

二十多年了，女儿的读书趣事是我们经常谈论的话题，总感觉到有一种力量，不知是书的力量，还是女儿成长的力量？

女儿在美国十几年了，踏上了一条科学研究之路。她每发表一篇科学论文，都给我们带来许多喜悦。我们不由想起那些她儿时读书的趣事，趣事极小，像江河激起的浪花。

我们向您讲述这些趣事，是让您帮我们发现其中对每个孩子成长都有益的道理。

花有萼片

女儿4岁，上幼儿园中班。王老师告诉我们："今天是我的全区观摩课，讲《花》。王世珍平时就爱举手回答问题，我还真怕她临时在课上问点什么。讲花的时候，她在后面直举手，'您只讲了花、叶、茎、根，花瓣下面的萼片您没讲。'我也不知道哪是萼片，幼儿园教材是很简单的。花的用途是可以吃，可以泡茶，可以制药，讲完了，她又在后边举手，不叫她吧，周围又那么多听课的。她说'花可以供人们欣赏'。我说这个最主要的作用我没讲，教材也没写呀！"我们赶忙向王老师道歉，老师说："我们老师都喜欢聪明的孩子，要是都这样，我们多省心。”

回到家，我们大家问女儿怎么知道萼片，她说：“《我们爱科学》上全画着呢。”

盐水煺猪毛

女儿8岁。她妈妈买回几只猪蹄。猪蹄上的毛没煺干净，我一边用镊子揪一边抱怨猪毛太难拔。女儿正在读书，说：“沏点儿盐水，把猪蹄放在盐水里泡一泡毛就掉了。”女儿书读得是很多，但是我们家没有生活常识一类的书啊，也从来也没有听说过盐水煺猪毛呀。就问：“你是怎么知道的？”女儿放下书，从书架上抽出《西游记》，“书上写着呢！老妖精抓住猪八戒，吩咐道：‘把这个老猪放在盐水里泡几天，等煺了毛清蒸着吃！’”

小鳗鱼死了

女儿9岁。一天读着书哭了。我们赶紧问：“怎么啦？怎么啦？”“小鳗鱼死了。”她正读一本童话《小鳗鱼自述》。说是有一条小鳗鱼，因为它身上有一股子怪味，鱼儿都不愿和它玩。它很生气，但从来也没有攻击过别人。一条凶恶的鲨鱼横冲直撞，咬这条鱼吃那条鱼。小鳗鱼勇敢地冲上去，蹿入鲨鱼的肚子里放电，电死了鲨鱼，自己也窒息而死。

女儿很早就自己读故事了，但感动得哭出声来，是我们第一次亲眼看见。我们当时什么话也说不出来，只是拿起那本书，深情地看看封面，又还给女儿，女儿晶莹的泪珠在流淌。我们感激这本书。我们无言，但我们高兴啊！

封面画错了

女儿5岁，我们到新华书店去买书。一个柜台卖《365夜故事》录音带。她指着那盒《哪吒闹海》说："画错了。"我和售货员同时看那个封面：画着一条龙，哪吒脚踏风火轮手执尖枪。没错呀！售货员露出不屑一顾的神色。

"就是画错了！"女儿理直气壮地说，"哪吒闹海时只有混天绫和乾坤圈两件宝贝。风火轮和火尖枪是他闹海之后莲花化身，他师傅才给他的。"其实这样设计封面也不是错。女儿的话，我坚信不疑。我们读过《哪吒父子》《哪吒》《哪吒传》，还有《哪吒》连环画，她已经是个哪吒问题的小专家了。

"买"和"卖"的区别

女儿6岁，数学老师讲应用题，题中出现"买"和"卖"，语文课还没有学到这两个字。老师说："要注意这两个字的区别。"女儿举手说："过去卖东西，东西上插着'十'字的草棍儿，上边有'十'字的就是'卖'。""你在哪儿看到卖东西的插'十'字？"老师很感兴趣。女儿答："《水浒传》连环画上画着呢！杨志卖刀时刀上就插着'十'草棍。"

带《白雪公主》到美国

女儿20岁，刚在国内读了一年多研究生，就被派到美国读博士。在整点行装时，她从书架中拿出那本《白雪公主》。这是一个小开本的低幼画册，传过好几家了，几个亲戚的孩子都是读着它长起来的，书已经很旧了。女儿认真地看了一遍，像十几年前一样的神态。"这本书我带走。"我们没问她为什么，我们知道这本书、这类书对她的深刻影响，但是我们又讲不清楚。女儿善良的品行已经像白雪公主一样。

二十多年了，女儿的读书趣事是我们经常谈论的话题，总感觉到有一种力量，不知是书的力量，还是女儿成长的力量？

用普通话读故事

有直道就别走弯道，起码讲故事一定要讲普通话，用规范的语言。在辅导孩子看图说话时，需要家长看清图意，并且运用自己的语言，这个时期应尤为注意。

我幼年时，常听父母在家中说："……要是不听话，关进洗衣所扣起来了。"我一直弄不清：洗衣所就是洗衣服的地方，拿什么扣呢？我见过母亲用铁锅染衣服，猜想那洗衣所的铁锅一定很大，要不怎么能扣住人呢？

直到几年前读《今晚报》才得知"洗衣所"是"习艺所"，就是劳教所。50年哪，我才理解这个词。父母是天津人，"洗"和"习""衣"和"艺"发音一样。就我幼时的认知经验也只能理解为"洗衣"，天津土语又称"关押"为"扣起来"，我自然想到染衣服的锅。如果讲普通话，用规范的词汇，这个词就不会让我困惑了50年。

有一天晚上我给女儿读故事："……突然从天上飞来一只大雕，抓走了盛着经文的大箱子。"女儿问："谁在'大吊'上坐呢？""它自己飞来的，上边没有人。""没有人开，怎么能飞呢？"女儿问，我糊涂了，"老吊是工人叔叔开的，上边就得有人。”

原来，有一次看见一台起重机，我不经意地说：“这是大老吊。”天津人在此把“吊”读成一声，而普通话是四声，当“大雕”出现时，她以为是“大老吊”。

我家墙上贴过许多国画，上边都印有图章。我们告诉她是“戳子”，也是天津口语。有一天路过图章店，小朋友说是“图章”，她非说是“戳子”，老师说：“你们说得都对，但是更准确的还是应该叫‘图章’。”3岁的孩子因家长的失误，承担“错误”，她们的心理体验，是无所谓还是有所谓，我们虽一时说不清，但总可深入思考。更重要的是，你告诉她是“大老吊”，而书面规范语言是“起重机”，造成孩子理解书面语言的障碍。

女儿还不会说话时，我用树叶哄她玩，说：“花——花——”随着阅读的展开，由把她以为的“花”变成“叶”，是有一番过程的。过程也许并不复杂，看看图纠正几遍就行了，可她不会不产生矛盾：都是家长教的，怎么又变了？只可怜她们是家长手里的橡皮泥，孩子们还不会表达不满，只能接受家长的摆布。

有直道就别走弯道，起码讲故事一定要讲普通话，用规范的语言。在辅导孩子看图说话时，需要家长看清图意，并且运用自己的语言，这个时期应尤为注意。

过了这个时期，读有字的图书，再读全是字的故事时，就省事了。读书是学习规范化语言的最好方法，通过广泛阅读，反复读，孩子就会理解词汇，掌握语法，熟悉篇章结构。父母会惊喜地发现孩子突然使用“而且”“甚至”这样的词了。

孩子不会像我一样，一个“洗衣所”困惑了50年。孩子在开始学习语言时，哪个也不是后进生！而只有教育方法落后的家长。

阿里巴巴究竟和多少大盗

一个故事要反复讲，每讲一次孩子都完成了比上一次更深刻的思维过程。

孩子们差不多都听过或者读过《阿里巴巴和四十大盗》的故事。很多同学都有《365夜故事》（少年儿童出版社）那本书，我们也是从这本书开始读到这个故事的。

自从有了《365夜故事》，每晚睡前，至少要读5个故事。有时我读着读着打起瞌睡，迷迷糊糊，似念非念。她会提醒我："错了，读错了。"我忍着困，强打精神接着读。

一天晚上，正读着，她说："不是'四十大盗'，是'四十一'大盗。"不可能！读了这么多遍了。再说，我们家还有《365夜故事》磁带，都是著名电影配音演员朗读的，也听过好多遍，不会有错。

按她说的，我打开书。她还真对了。

第485页写着："阿里巴巴爬到树上躲着，他数了数，有四十个。这些强盗在大树下面站住了，一起跳上马。"第490页写着："半夜里，强盗头子带着四十个强盗，下山来杀阿里巴巴。"

她说："加上强盗头子，不就是'四十一'个了吗？"

故事后面又讲道：强盗头子先后杀死两个强盗以后，带着三十八个大坛子，其中一个装满菜油，另外三十七个“藏了三十七个强盗”。她说：“又变成‘四十个’强盗了。”

我说：“唉，故事嘛，就是大概数，应该说是‘四十’大盗。非得说‘强盗头子带着三十九个强盗下山了’？”

她不服：“那为什么说‘强盗头子带着三十八个大坛子进了城’？”还是她有道理。

我想，故事中还写了把“三十七个强盗都烫死了”，既然那么准，就应该改为“强盗头子带着三十九个强盗”。

谁想到，她在无数次的听读中真的听出了故事中的毛病。这对她未来的发展会有什么作用呢?

起码在她眼里，会有“书可能会有错”的观念，起码她有了一次找到错的成功经历。最重要的是她有了思考的经验，有了创新的体验。几年后她还常得意地跟我提起这件事，充满自豪、自信。

有些家长向我抱怨说：“我们那个孩子呀，有时候一个故事，他要认准了，让你反复讲，讲得我都腻了，要是有一点错，他马上还就听出来。”给您道喜，有比这更好的事吗?

故事的每一句话，都是一个个单词组成的。一个单词就是一个概念。孩子在听故事时，把每一个抽象的概念变成具体的形象。你读的每句话，都在他的头脑中变成一幅幅图画，随着思维的发展，这一幅幅图画会动起来，他的大脑成了没有银幕的影院，他自己和故事形成了一个整体。每读一次，他都有新的理解。

一个故事要反复讲，每讲一次孩子都完成了比上一次更深刻的思维过程。孩子的理解能力正像雨后竹笋般生长，这不正是我们渴望的吗?

生动的比喻

“金子”来自那句“像金元宝”的比喻。我为她能记住那个比喻而激动不已。它一直激励着我和孩子说话生动些，再生动些，一直激励着我辅导孩子看童话画册，多看些，再多看些。

那年暑假的一天，忘了我们当时在忙碌什么，三四岁的世珍自己在一边玩。突然听她说：“我想吃‘金子’。”我们惊讶地停下手中的活儿，几乎异口同声地问：“吃嘛？”“金子。”“‘金子’哪能吃呀！”她妈想了想，“是不是‘金钩梨？’”

怕世珍不明白，又说“就是一大把，像树枝一样，疙疙瘩瘩的”。“不是。就是‘金子’。”她想吃，又说不出那东西的名字，干着急。平时她很少找我们点名要吃的，孩子一张嘴，做父母的就是天上的星星都愿意摘下来，可就是弄不清“金子”是什么，更着急。好在她很听话，不再要了，依旧回去玩游戏，像是什么事也没发生过。“金子”，是她给我们的难解之谜。她妈妈忙家务，干起活来就忘了，可我一直是百思不得其解：“金子”？还能吃？“金子”……

直到下午，也许是晚饭后，猛然间迸发出灵感，当时我太高兴了，简直是喊出来：“我知道你要吃的‘金子’是什么了！”那时我们住着一间宽敞但很潮湿的平房。床下的木板上放着几个装书的纸箱。我钻到床下，拽出一箱书。

她所读过的幼儿画册，我们都是五六本、七八本用皮筋扎在一起。我开始一本一本地找，世珍也凑过来，每当我翻书时，她都会跟着我找自己爱看的书。

“找到了！”我拿着《神笔马良》，翻到马良画的一堆金元宝那页，问：“你是不是要吃这个‘金元宝’？”她笑了：“嗯。”“我看看——金元宝也不能吃呀！”她妈妈不明白我们的意思。大概是一年多前，有一次妻子买回一斤菱角，硬硬的黑褐色的壳，两头弯弯的尖儿，那样子让女儿很好奇。煮熟了以后，剥开皮，雪白雪白的，又甜又香。“这叫‘菱角’，天津人叫‘老乌菱’。你看看它像嘛？”我启发她想象，期待她回答。她没说话。“像不像马良画的金元宝？”我们刚读过《神笔马良》，就把那本书找出来，指着画问：“像吧？”她点点头，嘴里嚼着菱角。“菱角”这种果实，在当时的市场上很少见，不像苹果、香蕉那么多。这个词，几乎在幼儿故事中没有出现过。“金元宝”出现得也极少，这两个词不常用也就忘了。然而“金子”却经常听，经常见，“金元宝”就变成“金子”了。

所以，她要吃“金子”。

“金子”来自那句“像金元宝”的比喻。我为她能记住那个比喻而激动不已。它一直激励着我和孩子说话生动些，再生动些，一直激励着我辅导孩子看童话画册，多看些，再多看些。

二十几年了，我常常向别人提起这件事，还像当年一样激动，形象的东西要比单纯的词汇更能加深孩子的印象，对发展记忆、促进思维都是极有益处的。也有家长说：“我们也说过不少，我们孩子怎么没有类似的事呢？”

可以肯定地说，所有的孩子都有曾经要吃“金子”的经历，这是每个人学习语言、发展思维的必然规律，只是具体表现形式不同，只是家长没留意。

万幸，我没有轻率地否定她，也没有置之不理。她要吃“金子”后面，有一座金库，记忆的金库，思维的金库，我看见了。

孩子看漫画益处多

幽默扩展了胸襟，幽默健康了人格。原来，幽默也是一种能力。

看图说话、看图作文，是小学语文教学的常见内容。就是在高考中，也有看图作文，例如《挖井》《截错了》等。

图画，是精练表现生活的艺术，能达到语言达不到的效果。例如，我们常见报刊上的漫画，看着、想着，就情不自禁地笑了。它唤醒了我们的经验，我们看懂了。笑声中，快乐在舞蹈，思维在健美，智慧在歌唱。有时候，有的漫画一时看不明白，也许是漫画的毛病，也许我们受到相关生活经验的局限。孩子 5 岁时笑不起来的漫画，10 岁时会捧腹大笑。

我女儿上幼儿园时，就订阅《儿童漫画》，后来又增加了《漫画》《幽默大师》，还买了《三毛流浪记》《中华好少年》《笑话 笑画》和一些科技类漫画。平时看完了，收起来，到寒暑假翻出来，我掰开揉碎地给女儿讲解。

“哎，你们看这个多哏啊！”爱人下班也常常带回报纸上的一幅漫画。我们看着、想着、说着、笑着，时间长了，女儿对画面的描述能力、对画面的理解能力提高得很快。和孩子一起看漫画，包括看《猫和老鼠》动画片，一家人融洽而轻松，这正是幽默感生长的沃土。

女儿6岁时，我和爱人吵架后，她给我们画了张漫画：第一幅是她妈妈脸上滴落几颗大眼泪；第二幅是在妈妈泪水中游泳的女儿大喊：“太咸了！救命啊！”

她在美国一所大学应聘教授，会议厅刚装修好。她正讲得兴起时，屋顶上的报警灯突然闪烁不停，女儿只好停下。过一会儿，主持人告诉大家，工人正在调试新装的火警报警系统，向女儿表示歉意。女儿说：“不知大家注意了吗？刚才灯光一闪，我立刻做出了个Pose，还以为记者给我拍照呢！”大家都笑了，化解了尴尬。不久，招聘委员会的老教授说：“我们招定你了。大家都愿意和你这样幽默的人共事。”

幽默扩展了胸襟，幽默健康了人格。原来，幽默也是一种能力。

开始陪孩子读漫画，只是为开发智力，没想到收获了让孩子终生受益的睿智和自信。

幽默感，大智慧；读漫画，好途径。

除了漫画书和杂志之外，我们经常收集报纸上的漫画、笑话，因为报纸刊登的是最现实的生活。还看小品、听相声，教孩子说天津快板，和孩子一起模仿着演赵本山小品。尤其是孩子不经意做出说出的幽默行动和语言，家长一定要重复，让孩子得到快乐的强化。

别让生字阻挡阅读热情

女儿把书中生字全注上音，好的句子画上线，好的词画上圈，一遍又一遍地读熟，有时还专门研究书中的开头和结尾，有时集中找出比喻句。

1. 别让字典破坏情绪。字典是无声的老师，学习离不开字典。熟练地使用字典是一项优秀的学习能力。在我们给孩子读书时，遇到一个生字是否要先查完字典，然后再读？孩子在急切地等待故事的发展，家长往往会根据句子要表达的意思，找个同义词代替那个生词，这样做非常好。

一位学生告诉我，他父亲给他买了一本作文选，他很快读完了。父亲拿过书说："这么快就读完了？这里有个字，你认识吗？这篇文章的中心思想是什么？"孩子说，他真不认识那个字，也说不出中心思想。但是他对那篇文章印象极深，而且能基本复述下来，父亲说他读书不求甚解。

如果孩子问："《青春之歌》很多家长都读过，你敢保证现在里面没有生字？《三国演义》很多家长也读过，你能说出中心思想？"我们做家长的还真不好回答。

我们对阅读应有正确的认识。识字、积累词汇、学习语法虽然是阅读的基本功能，但所有的童话故事，都不只是为了传授语文基本知识和基本技能，重要的是情感和人格的陶冶。孩子听故事、读故事时，他们就成了故事中的人物，情感是丰富的，鲜活的，看着孩子的表情，甚至让我们重温曾经的童真，净化成熟的心灵。听故事，是一个愉快的欣赏过程，切不可用“查字典”破坏完美的情感体验过程。

2. 解放军也是梁山好汉。看动画片《真假李逵》，是女儿第一次接触《水浒》故事。趁着她有兴趣，我讲了武松、林冲、鲁智深……告诉她有一百单八将。“解放军也是梁山好汉。”女儿突然插嘴。

幼儿的认识就是这样的。我们讲解放军某个战士的故事，或者在电视中看到战士出现，都称为“解放军”，在孩子心中，解放军打坏人，解放军便也是梁山好汉了。类似关公战秦琼问题开始在孩子头脑中产生。

读多了，这种问题很自然就消失了。人的知识结构不是平面的一张网，而是立体的，多角度的，上下、左右、横竖无一处不关联。读得越多，关联点就越密。

3. 精读与略读。前文提到“一个故事反复听”现象。我们应该理解为孩子最初的精读。在听过的故事中，孩子进行比较，把最感兴趣的挑出来让家长反复读。在一本画报中，家长每页都讲了，而他只对其中一个故事兴趣强烈，这些情形都是精读与略读。孩子很早就有了精读与略读的要求。

孩子自己翻阅图书，实际上就是浏览、比较、挑选，然后津津有味地读。家长只需在一边高兴地看着，别去打扰他，让他静静地读，快乐地读。精读与略读都是阅读能力，而这种能力只能从孩子的体验中形成。

一本杂志中，有精读的有略读的；一篇故事中，也有精读的有略读的，都与孩子的知识积累、阅读能力有关。当孩子上学之后，教科书有很多地方都是需要精读的，相比之下，课外书则很多都是略读的。

为了提高作文水平，我们订阅了许多杂志，买了一些优秀作文集，像

《小学生日记指导》《小溪》《生活的浪花》等，女儿把书中生字全注上音，好的句子画上线，好的词画上圈，一遍又一遍地读熟，有时还专门研究书中的开头和结尾，有时集中找出比喻句。根据不同学习阶段，需要选择不同的作文选，选择重点的读透，细嚼慢咽，其他作文选就任其浏览。

4. 听孩子说。家长读孩子听，孩子说家长听，不断地交叉进行，也是发展孩子阅读能力的好办法。

家长辅导孩子看图说话之初，先是家长说，后是引导孩子说，家长不但要当好说者，更要当好听者。一定要认真地听，一个生命在倾听另一个生命，就像看到孩子刚会走路一样，发自内心地去赞美，用不着去纠正，孩子自然会迈开脚走路。接着，由看图说话，变成家长忆图说话，就是讲故事，然后让孩子忆图说话，这又是一个新发展。

与此同时，还应让孩子看物说话，比如在案上摆几件东西，让孩子先看着说一遍，然后把东西撤掉，再让孩子回忆着说一遍，无论是上大街，到公园，走亲戚，看物说话，忆物说话的机会随时随处都是，只是要运用自然，要恰到好处，千万别让孩子烦了。

孩子上学以后，让孩子复述他所读过的书，对家长来说是间接的阅读，对孩子来说是阅读快乐的一种享受。

5. 有感情地朗读。效果最好的朗读是有感情地朗读，“有感情”就是对儿歌、童话、故事的再创造，每天对着孩子大声朗读，是教育孩子成才的最实用、最有效的方法。美国教育学家杰姆·特莱伊斯曾这样计算过：每分钟能朗读300个字，15分钟就能朗读4500个字，一个月就是12.6万个字，一年就可以帮助孩子读20本书！中国学者调查显示：学习成绩差的孩子，其朗读能力一般都很差。

朗读时眼睛先要看到文字，再传到大脑，然后才发出声音，声音又传到耳朵，耳朵再传回大脑，这是一个完整的认知心理过程。这个过程可以使孩子加深记忆和理解，发展孩子的学习能力。

大声朗读可以让孩子很快进入角色，注意力集中，积极地抗拒了干扰，培养了孩子良好的非智力素质。

当亲友的孩子到我家来玩时，我们就趁机召开“朗读会”，像演节目一样，有的报幕，有的朗读儿歌、唐诗，有的讲故事、读课文，孩子都容易“人来疯”，让他们“疯”在朗读会上。为孩子创造朗读的机会，使朗读成为他们的特长。

Part 3 学

学习最重要是坚持。我们辅导不了孩子学习，但始终支持孩子制订每周学习计划，每完成一项，就用红笔划去一项。当孩子自己划去的时候很有成就感。

坚持学习计划

每完成一项，就用红尼龙笔划去一项，尼龙笔笔道粗，醒目，当孩子自己划去的时候很有成就感。

女儿那顶黑色的博士帽，是那么安静、庄重，是那么厚重、深邃。如果让我构思一个画面以概括女儿成长的过程，很简单：一顶黑色博士帽压着几页红色的条格纸。

任何一种成功，都是先从确立目标开始的。任何一个大目标，都可分解为若干具体的小目标。在女儿学前阶段，无论阅读、游戏，我们都有计划。当然，那些计划不一定非得写出来，头脑中过一遍，就有了安排。从女儿入小学开始，我们更注意制订女儿的学习计划了。

按点上课，到点放学是常规的学习时间，放学以后，节假日是非常规时间。家长可利用的是非常规时间，这段时间利用得好坏，直接影响孩子常规时间中的学习效果，甚至影响着孩子全面素质的发展。孩子在校的时间都是一样的，他们差距的形成是在校外非常规时间内，在这期间，家长做了什么，孩子就成了什么。

我们辅导不了孩子学习，但始终支持孩子制订每周的学习计划。用红条格，每学科一页。例如数学，从周一安排到周日：

数学：

周一：⑴复习当天所学；

⑵做作业，检查作业；

⑶预习新课。

……

周日：⑴复习一周所学；

⑵分析本周错题；

⑶做与错题相类似的参考题巩固知识；

⑷预习下周新课。

每完成一项，就用红尼龙笔划去一项，尼龙笔笔道粗，醒目，当孩子自己划去的时候很有成就感。计划不如变化快，要从实际出发不断调整。临近测验了，就要做好测验的准备。因某些科目考试的需要，有的科目暂让位，没有按计划进行，也是很正常的。

必须强调一下英语，如果说理科的成绩可能与孩子的思维品质有关的话，那么英语成绩最能反映孩子的学习品质了。英语靠积累，靠日复一日的读、写。制订英语计划，一定要体现温故而知新，以新代旧，我们称为“车轮战法”。我们是这样制订的：

英语：

周一：⑴第八课读 5 遍（新课）；

⑵默写第八课单词；

⑶第 1~3 课课文读 3 遍；

⑷第 4~7 课单词读 3 遍；

⑸听第 1~3 课磁带。

……

英语内容有课文、单词、词组，背诵的、默写的，有听力、检测，每一天的英语计划都要交换安排，千万别挤得太满了，别面面俱到。如果因为学习的特殊需要，英语计划受到影响，至少也要完成朗读课文的内容。事实证明，很多科目好的孩子，英语不一定好，而英语好的孩子，其他科目基本上都较好。在学习英语中形成的勤奋态度，会转移到其他学科之中。

制订学习计划，我们一直坚持到高考前，前几年定得很详细，后来就简练了，女儿上大学时已经形成习惯，计划已经变成她自觉的行动，已经磨炼出她顽强的意志，变成她自身的习惯。

正因如此，她能有效地利用时间，有效地学习，挤出了比别的孩子更多的自由时间，她电视没少看，课外书读得更多，玩的时间更长，这又促进她更重视制订计划，更认真地学习。

在她读小学时，我们看着她那满是红笔道的计划，就说过：每一页计划，都是孩子进步的阶梯，都是成功的积累。就这么一项一项地完成，一页一页地落实，终于，顺理成章地迎来那顶博士帽。

改进学习方法

有些朋友常因为孩子学习上没有突破而着急孩子。课上遵守纪律，回家也学到很晚，怎么成绩总是上不去？不妨看一下学习方法，不妨看一下学习习惯，不妨看一下思维形式，是不是固定的学习方式已使孩子形成思维定式？

女儿读小学时，我们就按照《丁老师谈学习》中介绍的方法，指导孩子学习。女儿上初中后，得到老师奖励的一本书《中学生学习方法指导》，作者是北京八中校长、全国学习科学研究会学术委员龚正行。

这一本书，简直就是为我们写的。我们迫不及待地在原来的基础上，按书中的方法逐渐规范孩子的学习行为。

就说理科的复习吧！比如复习数学，如果先看课本，书中的表示定义的黑体字一下子反映到头脑中，这些黑体字预习时都背下来了，课上老师反复讲甚至还默写过，书一打开，黑体字与大脑就像是物体与镜子的关系，机械地直接反映，这样调动不了复习的兴趣，先看书后思考的效率不高。

其实只需要颠倒一下顺序就事半功倍。先回忆后看书，女儿坚持至今。人的思维有个启动期，就像骑自行车，先慢后快。回忆就是启动思维，就像是压紧海绵，然后才能吸入更多的水分。

每天晚上复习时，女儿拿出书，准备一张纸，先回忆当天课上老师讲的内容，甚至老师提的什么问题，同学是怎么回答的，都回想一遍。有时还要把重要内容用最简明的语言，跳跃式地记一记。记录只是帮助回忆，自己看懂就行，不要让记录成为回忆的负担。然后再打开书，重点抓得准，看书的速度也快，书上没有回忆到的内容特别能引起注意。翻开书全懂，合上全忘的现象消灭了。

有些朋友常因为孩子学习上没有突破而着急。孩子课上遵守纪律，回家也学到很晚，怎么成绩总是上不去？不妨看一下学习方法，不妨看一下学习习惯，不妨看一下思维形式，是不是固定的学习方式已使孩子形成思维定式？

仅仅是先看书还是后看书的顺序的变化，就使孩子的思维由被动变主动。女儿也把回忆运用到课堂上，一节课结束后，迅速地回忆老师刚讲的，对一节课做出小结。而且每晚睡前要把一天的学习过一遍电影。

乍一听，这得多长时间？孩子受得了吗？实际上回忆是很快的，只要坚持，就能看到孩子学习能力的成长，学习成绩的提高。

养成问老师的习惯

培养孩子有问题问老师的习惯，不仅能弥补家长不能及时辅导的缺憾，更重要的是可以培养孩子优秀的学习品质。

随着孩子所学知识的不断加深，因为文化水平、工作特点所限，大部分家长不能像孩子上小学一二年级时那样辅导孩子，这未必是坏事。女儿读到小学中年级，有些问题，我们已经不能给出一个准确的解答，当时家里没电话，就是有电话也不便在休息时间问老师吧？我们就让孩子第二天上学问老师。

等到放学，首先问她找过老师没有，她说没有，问同学了。问同学，当然很好，同学之间更便于讨论。但是，向同学问问题，有的直接告诉你解题过程和答案，讨论得不深入；有的同学也不会，而且并不想问，只是等老师课上讲。假如是这几种情况，问同学就更糟，不但学不到知识，反而会感染一些坏毛病。

我们鼓励女儿去问老师。当遇到学习上的问题时，自己尽了最大的努力也解答不了，或者最终解答出来，但对某一步骤并不完全理解，就把它记在纸条上，放在铅笔盒里，第二天去问老师。女儿对我说："一提出问题，老师就知道你的病根儿在哪儿，是基础知识的原因还是思路推导的原因。老师三言两语的点拨，让我明白了许多，还能得到老师的表扬。有时老师还把我问的问题在课上又讲一遍。"

为什么要写在纸条上呢？经过思考，写在纸条上很简单，省得问老师时含糊不清。对老师一定要有礼貌，应该是课上掌握的，给老师添麻烦了，求得老师帮助，要怀着感激之心。当然，这些并不是要家长在孩子问老师之前先进行教育，只要家长有此心，孩子自然会有此情。

问问题的时间最好在自习课上，在老师讲课后同学做练习时。课间是老师短暂的休息时间，可以和老师约定一个时间，老师会根据学生的问题马上点拨，也可能定个时间详细讲解，也许看到问题有典型性，就会面向全班同学分析。

中午有时老师刚打开饭盒，同学就问问题来了，不是一个人有问题呀，老师也要休息，我们教育孩子要体谅老师。一个体谅老师的孩子，学习会更加自觉。在问问题之后，一定要说一声"谢谢"，老师会更喜欢孩子。接送孩子或家长会上，我们都会对老师的帮助表示由衷的感谢。

老师欢迎学生提问题，有时某道题的设计，脱离了学生的实际水平，有时同一个知识某个层次的同学没有理解，所以，老师需要不断得到反馈。教学的主体是学生，家长要鼓励孩子大胆地问。

孩子通过问老师弄清楚了不懂的问题，老师通过此问题发现孩子知识体系或思维方式存在的问题。更重要的是培养了孩子独立思考的习惯，探究问题的能力，课上认真听讲的行为，增进了师生的友谊，加速了优秀学习品质的形成。

我为孩子总结出“三问”和“陪问”。

问什么？就学校学习而言，孩子要问的无外乎都是与课本相关的问题。1. 预习时的问题；2. 写作业时的问题；3. 综合复习时的问题；4. 课上听讲时的问题。这些问题一定是在孩子努力思考之后还不明白的问题。如果是在校外奥数班的题千万别去问校内的老师，课外读物中的问题，也尽量不要打扰老师。

怎么问？在家里遇到的问题，最好记在纸条上，第二天到学校去问老师。放学回家后，家长要问孩子问没问。也许由于特殊原因孩子没找到老师，但问题解决了。家长的追问，不是死盯孩子去问，而是提醒帮助孩子敢问。

教孩子有礼貌地问。在课间把记好问题的纸条或笔记给老师，问老师：“您什么时候有时间？”因为老师可能连节有课，时间很紧，可能要急着批改作业。不是你什么时候问，老师就什么时候答。也许老师会说：“你的问题很重要，我下节课在班上讲一遍。”也许当时就点拨几句，让你豁然开朗。

告诉孩子，一定要谢谢老师。有礼貌的孩子人人爱，让老师心情愉快，老师也会更耐心。家长在参加学校开放日时，也应向老师表达谢意。家长的鼓励，会使老师更努力。

去问谁？最好是问老师。孩子问的是这一点，但老师看出孩子在前一点存在的隐患。老师通过表面问题，解决的是基本知识。老师系统地综合地看待一个问题，孩子可以听老师讲解，学老师思路。

问同学也好处多多，方便、及时、快捷。同学水平相当，关系亲密、讨论自由。有时会的同学都被问糊涂了，不得不重新思考。大家主动钻研，加深友谊，培养学习能力。

巧“陪问”。有一次女儿跟我说：“我们班数学最棒的同学一下数学课就跟着老师问问题，我就站在旁边听他问的啥。他问的问题都有深度，怪不得数学那么好呢！”从此他只要问老师，女儿就在旁边“陪问”，数学进步很大。

还有一次女儿对我说：“数学成绩最低的同学课下也问老师，我也‘陪问’。他问的几乎都是最重要的基础，也有我掌握不牢的地方。”“陪问”，是积极的学习行为，能够使孩子学习成绩更优秀。

不要让错题成为压力

方式是为效果服务的，采取什么方式也要因人而异，只要有利于孩子良好的学习心态的形成，只要有利于对知识的掌握，那就是好方式。

我非常赞成一位数学老师“考后一百分”的做法。她在学生作业中的错误之处点上点，让学生自己订正，并要求把订正后的答案用不同颜色的笔写在错题的旁边。学生做到后，她照样给出一百分。这些作业保存起来，就是学生平时复习、考前复习的主要内容之一。学生在复习时，通篇阅读自然会注意曾经的错误，只看各篇的错题也一目了然，非常方便。

学生抗挫折的心理素质是不一样的。一些学习后进的同学很欢迎这样，他们说家长看到改后一百分的卷子，不再像过去那样没完没了地数落了，有了一个好环境；复习时过卷子，错题是少数，又是自己订正的，有了一个好心情。

这位老师的做法使同学在改错中感到愉悦，愉悦的心态会促进思维，增强记忆，学生不怕出错，愿意改错。也许您的孩子没遇到这样的老师，但这位老师的理念、做法，完全可以借用过来。千万不要让错题成了孩子学习的心理压力。

最初女儿错题较少，我们要求她弄清楚原因，订正过来。考试前把错题看一遍，避免类似的题再错，后来随着学习的深入，错题越来越多。我帮助她建立错题档案：有一个错题记录本，还把错题记在卡片上，有时间就翻一翻。这种方法对一些同学有效，对我女儿效果就不好。不好还不是因为这种形式，关键是家长对错题的态度。把错题记了一本，把错题卡片存了一摞，再加上我“错过了不能再错”的反复叮咛，都给了女儿消极的心理暗示，心情紧张，害怕出错，反而还会出错。

得到这位数学老师的启示，我们让女儿自己选择订正错题的方式，她都在作业上、卷子上及时订正，认为重要的就重做一遍，有时还把错因分析给我们听，尽管我们听不懂，也是一直点头，当她的学生。

到高中后，她又改回错题本了，记上错误的答案，写上正确的解法，注明错因。平时拿出来翻翻，考前复习时认真看一遍，避免了同类错误的发生。

方式是为效果服务的，采取什么方式也要因人而异，只要有利于孩子良好的学习心态的形成，只要有利于对知识的掌握，那就是好方式。

重视错题的订正，是学习的重要环节之一。做错了题目，说明你还没有很好地掌握所学知识，解题的方法和思路还存在问题，要查找原因，及时弥补知识缺陷，改变思考方法。纠正了一个错误，巩固了许多知识。家长要重视错题，但绝不能扩大错题，让它成为孩子进步的心理负担。

课堂发言的重要性

提高课堂学习效率的最好办法是争取发言，把你的手举起来。

坐正了，目视前方，把肘部挨着书桌，举起你的右手。这是信心的姿态。

每个同学都知道课堂上的学习很重要，每位老师都强调要向课堂45分钟要质量，提高课堂学习效率的最好办法是争取发言，把你的手举起来。

老师的提问总在关键处。备课时，根据知识的重点、难点，同学最容易产生错误的地方，老师都要设计提问。而且问题往往是许多老师多年教学经验的总结，说它具有经典性一点也不过分。

有时老师的提问是对全班同学设一个问题情景，并不要求回答，只是为了引发大家思考；有时老师的提问要求全班集体回答，聚集全班同学的注意力；有时老师的提问是了解学生的理解，检验教学的效果。无论怎样的提问，都紧紧围绕课堂所学的知识，告诉孩子一定要积极回答问题。

经过预习，听课的针对性加强了。虽然听课没什么问题，我们也叮嘱女儿：眼睛盯着老师，耳朵听着老师，脑子跟着老师，只要积极发言，这三点都能做到。影响孩子积极发言大致有以下几个原因：

①觉得都会了，问题简单没必要回答；②那么多同学老师不一定叫到我；③老师对学生回答错误时的评价使孩子不愿回答问题。这是主要原因。答对了，老师赞扬；答错了，老师否定，引起同学哄笑；答得不全，老师让其他同学“补充”。有的孩子出于“面子”和同学的“关系”，不愿积极回答问题。久而久之，老师一提问就低头避开，使课堂学习效果大大降低。

同学就是共同在一起学习，大家讨论，大家合作，互相启示，互相补充，学习才会更好。老师提问回答不对，是太正常不过的事了。我们要求女儿绝不讥笑他人，讥笑别人是无知的表现，只要你不讥笑别人，必定会赢得同学的尊重，即便有人讥笑自己，也要不屑一顾，这才是张扬自己的个性。

老师没叫到自己，一定要认真听同学的回答，每个人都有他的长处，要和自己的答案进行比较，他的答案好在哪？还有哪些是需要补充的？即便同学答错了，从对他的错误分析中也能学到很多东西。

能举手回答，就得专心听讲；能举手回答，就得积极思维；能举手回答，就得意志坚强。举手回答，不仅培养了各种良好的学习能力，而且培养了优秀的品行。把全班同学融于自己，把自己融于全班同学，让课堂成为老师和自己的对话场所。

八点建议供家长参考：

1. 帮助孩子提高自己的实力。在预习和复习时，认真阅读课后习题，并试着写出答案要点。课上经过认真听讲，自然会对事先准备的答案进行补充，这样的回答必然有质量。如有背诵或默写的作业，帮助孩子练习到滚瓜烂熟，争取到在课上朗读、背诵，在黑板上默写的机会。

2. 帮助孩子克服怕答错的心理。学习也是发现错误、纠正错误的过程。答对了是对自己的肯定；答错了是对自己的纠正。我每次接孩子时，她都习惯了先告诉我在哪节课回答了哪些问题。当她告诉我回答错了时，我们就边击掌边说：“呀——证明你——在思考！”

3. 家长平时对孩子回答问题的态度对孩子影响很大。家长不要直接告诉孩子答案，要启发孩子回答“为什么”。当孩子回答时，要注视孩子的眼睛，认真听、耐心听，千万别打断孩子的话头，更不要没等孩子说几句就替孩子总结，这样会使孩子养成等家长给正确答案的坏习惯。当回答孩子提问时，家长一定要做出榜样。

5. 回答问题声音宏亮。这可是信心和能力的体现。回答问题的信心通过老师同学的肯定才能建立起来，回答时声音太小，蚊子叫，不但得不到肯定，还会招来同学的嘲笑。还要告诉孩子注意回答问题时的站姿，只看老师，挺胸抬头，语气坚定。

6. 举手发言别抢话。老师都爱守纪律的孩子，举手经老师同意后再回答。不要抢老师的话，老师话没说完，急于抢答，影响老师讲课。同学回答时被打断，同学会不满，大家也会认为你骄傲。

7. 不管老师是否叫到，都要积极举手。老师对问题的设计目的性极强，就连让哪个层次的学生来回答，也有极强的针对性，那么多孩子不可能天天叫到你回答。所以家长要鼓励孩子以表情、眼神与老师保持持续的交流。这是一种最经常的无声的回答，是随时站起来回答的准备。当别的同学发言时，对的吸取，不同的思考，并准备做好补充。有的学生恨不得每节课上回回都叫他回答，没叫他就不愿意，还闹小情绪。不良情绪会影响学习效果。只要会，就举手，老师在了解全班同学对已学知识的理解状况，举手就是给老师反馈。

8. 提高口头表达能力。老师提问的目的是调动学生思考的积极性，锻炼提高学生的语言表达能力。掌握知识越多思维就越活跃，掌握词汇越多表述就越准确。另外，孩子回答时的心理状态也影响表达效果。提高孩子口头表达能力还需平时多读，博览群书；多说，给孩子创造更多说的机会。

提前预习效果好

有的家长担心提前学习了，上课时孩子会不认真听讲。我女儿的实践证明，学期预习可以了解新课本的知识体系和难点，假期中看一看难点涉及的知识，开学后，会充满信心地学习。

六年级的暑假，女儿9岁。我带她随单位去青岛旅游，在火车上她拿出一本《代数》，专心地读着。

开始，同事们兴奋地聊天，谁也没注意她，我挤到别的座位上和大家说笑，当我回到座位时，教数学的颜老师正坐在孩子身边，说："那么小的孩子举一本《代数》，能看懂吗？我考了她两章，回答得非常好。"事后，颜老师总提起这件事。

每年寒暑假，女儿都要做学期预习。期末考试后，还没等正式放假，假期作业先发下来了，女儿就开始"赶"作业。先通读课本，加深对公式、定义的理解，然后就一连几天埋头做作业。完成假期作业是考试后的又一次复习。

正式假期开始，就取出新课本自学。自学就是预习，一节一节地读课本，做例题。有问题记在书边上，再找参考读物。这次预习是通读课本，了解全书的基本内容。就如同做假期作业，每天都按时完成自己计划规定的目标。

有的家长担心提前学习了，上课孩子会不认真听讲。我女儿的实践证明，学期预习可以了解新课本的知识体系和难点，假期中看一看难点涉及的知识，开学后，会充满信心地学习。

另外，在开学前，女儿要精心进行章预习。章预习也是阶段预习，就是通常的单元预习。第一章、第一单元的学习效果对一学期影响很大，开局好，往往越学越顺。章预习时，一定要把相关的旧课本放在手边，有时遇到难点，都与旧知识有关。经过详尽的章预习，课预习就省事了。

每天晚上必须进行课前预习，就是认真阅读明天要学的新课。遇到作业很多时，女儿就在周日认真进行阶段预习，阶段预习可以是一个整单元，也可以是下一周所学的全部内容。平时每晚重点用在当天的课后复习上。温故而知新，当天的复习，也是对新课的一种准备，是预习的过程之一。然后通读或跳读大概了解明天老师要讲的内容就可以了。

经过学期预习、阶段预习、课前预习，提高了课堂学习的效率，促进自学能力的提高，每一节课都成了高起点的学习。

预习，是女儿学习优秀的主要方法。

改变，从书桌开始

家长爱心的干扰，稀释了孩子在学校得到的学习意志，让孩子失败在家庭书桌这个细节上。家长与老师的要求是矛盾的，两个教练一个让向左，一个让向右，队员能练好吗？

孩子一上学，学习就成了生活的主要内容。学习所需要的意志品质，主要是从学习活动中培养的。每晚孩子在家的学习，是家长能参与的学习，而恰恰在这个时候，家长爱心的干扰，稀释了孩子在学校得到的学习意志，让孩子失败在家庭书桌这个细节上。

孩子在学校一节课45分钟，养成了课上不吃零食的习惯，而回到家里学习，10分钟就得吃一次。孩子刚摊开书本，妈妈就把剥好的橘子放在桌上，甚至还掰成一瓣一瓣的，让孩子吃着方便；还有的端上果脯，插上牙签。再看孩子一会儿吃瓣橘子，一会儿来块核桃仁，一会儿再来杯咖啡，吃零食陪伴着学习的全过程。

还有的孩子把爱听的CD盘、好朋友的新年贺卡放在桌上。而在学校里，凡是与当堂课无关的都不能摆在书桌上，家长与老师的要求是矛盾的，两个教练一个让向左，一个让向右，队员能练好吗？再说这些让孩子分心的细节，会延长学习时间，使孩子身体更加疲劳，精力更不能集中，学习拉拉扯扯，效果越来越差，形成了不良循环，应该检查一下书桌前的整个学习过程，哪个细节出现问题了。

家长的这种做法大致有两个理由：一是孩子在校一天，怕孩子营养不足；二是心疼孩子，出于对孩子的关爱。家长往往以为这就是自己的付出，付出的要求是孩子优秀成绩的回报，强加的关怀是隐形的杀手，受伤害的最终是双方。就因为家长的“无微不至”，就有了训斥孩子的“理直气壮”，就因为家长的“热心服务”，就有了孩子的“天经地义”。

要以学习为中心培养孩子的好习惯，最有效的就是从书桌开始。在书桌前，先引导孩子克制自己学习之外的任何杂念，控制学习以外的任何情绪，控制学习以外的任何小动作，帮助孩子创造好环境，排除所有干扰，为完成当晚的学习目标打下基础。

当投入学习后，孩子没想起吃没想起喝就不要提醒他，让孩子体验专注忘我的快乐。我常想起牛顿和爱因斯坦的故事：有一次牛顿进入深思，竟然把怀表当做鸡蛋在烧杯里煮起来。而有一天，爱因斯坦的秘书接到一个电话：“请问，爱因斯坦先生住在哪儿？”秘书答：“对不起，博士很忙，不能打扰，住址无可奉告。”对方突然压低了声音，说：“请不要告诉任何人，我就是爱因斯坦，我忘记自己住在哪儿了。”爱因斯坦正在思考一个问题，他所在的地方离家并不远。

各行业的优秀人才，都有忘我的经历，只是忘我的形式不同，忘我是精力高度集中的状态。女儿上高三时，晚上一点多钟我们被她的歌声吵醒，她刚刚学习完，一边收拾书包，一边欢快地哼着歌。

在书桌前改掉坏毛病，在书桌前养成好习惯。中国古语说得好：天下大事，必作于细；合抱之树，生于毫末；九层之台，起于累土；千里之行，始于足下。让孩子自己把分散注意力的东西收藏起来，把学习计划拿出来，看看今天要完成的内容，做到心中有数，然后一个任务一个任务地落实。自己也要确定一个休息的时间段，那时吃点零食，活动一下身体，放松一下大脑，给自己加加油，心情会更好，效果会更好。高尔基说过：哪怕是对自己的一点小的克制，也会使人坚强起来。那么书桌前一点小的改变，一定会使你走向成功。

进入忘我的状态

把学习是最重要的概念植入女儿的脑海里，转化为自觉的行动，忘我的状态，光靠说是不行的，它是做出来的，是父母和孩子一起做出来的。

“优秀生在学习时绝对目不斜视。一旦打开书本，就不吃零食，不看电视，不听音乐，不接电话。学习就是一切，学习是生命的一种状态。”不知在哪看到的这段话，分明是给我女儿写的评语。

讲几个故事吧：

1. 女儿正在写作业，姥爷骑了20分钟自行车给我们送来熬好的带鱼。我们住在一间平房里，姥爷推开门，坐在床前，拿出来饭盒。女儿只是回头叫了一声“姥爷”就埋头学习，我们和姥爷也是简单的几句话。姥爷轻易不来，来了就恨不得多坐会儿，就那么无声地坐着。过一会儿，姥爷轻轻地说："都别动，别让孩子动啊，我走了。"老人理解我们，也习惯了我们的做法。

2. 一天，我蹬着三轮车送女儿到实验中学参加培训，在离家不远的地方看见我的二哥，二哥在保定工作，常出差到天津，到我家吃饭。已经一年多没见面了，竟然在此不期而遇。我问他："你怎么不到家呢？"他说："在外边住几天就走了，到家会影响孩子学习。"我后来才想到，二哥每次来我家，赶上女儿学习，我们也都是坐着无话。不知是感谢他还是对不起他，那意外的相遇也是因为女儿的学习。

3. 女儿的大伯母就住在我们对过的院子，她的孙女比我们女儿小两岁。暑假，女儿正在学习，大伯母带着孙女给女儿送来一根冰棍，女儿拿来一只茶杯，把冰棍放到杯里继续学习。一个多小时后，冰棍早就化了。大伯母经常提起这事："那么小的孩子，哪个不愿吃冰棍儿，就在眼前放着，她就像是没看见一样，只顾学习。"

4. 我们家安装电话比较早，女儿学习时，老有电话打来。她很烦，把听筒拿下来也有嘟嘟的声音，座机的插口也不像现在的电话那样可以拔下来。为了不让电话打扰女儿学习，我们买了一个"刀闸"，只要一学习，女儿就把"刀闸"断开，让电话打不进来。

忘我的状态，光靠说是不行的，它是做出来的，是父母和孩子一起做出来的。作业没完成，安排的学习计划没落实，我们全家都会暂不娱乐、不消遣。完成了学习任务，我们会尽情享受成功的欢乐。

脑子像水晶一样透彻

从关注孩子的学习结果，转到关注孩子的学习过程，在学习的主要环节上，从学习的每个细节着手，耐心地进行量的积累，耐心地等待质的飞跃。

我们抓住预习、听讲、小结、作业、复习这几个学习的主要环节，一丝不苟培养女儿良好的学习习惯，女儿的学习成绩越来越好。1993年她考入南开大学，当时是那个专业录取的考生中成绩最后一名。第一年就跃入系里第七名，第二年开始一直总分第一名。平时她住校，我们看不到她的学习情况。只有节假日在家，我们才能看到女儿学习，那就是一种欣赏。

破旧的平房，炉火很旺，她还得套上防寒坎肩，坐在坐了18年的写字台前，先用一张面巾纸，像给病人注射碘酒一般，把桌面从中间擦到四周，然后开始学习。她有一个单独的综合性笔记本，复习一门课程就把题目精要内容写好，一门结束还要写个“完”。这个综合性笔记本就是10年来“学习计划”的继续，只不过是越来越精。

她认真地重复学习过程中的每一个细节，反复着最简单的步骤。她的每一个课本都干干净净，书边的提示性记录工工整整，课堂笔记整齐得像一本书，用红笔、绿笔做着标记。直到本科毕业三四年后，下几届的同学还复印她的笔记，以至于老师说："再有用王世珍笔记的一律不给分。"

读大二时一次期末考试后，她回家高兴地对我说："试卷一发下来，我的脑子像水晶一样透彻，那道题在我的笔记本哪页上，用什么颜色做过标记，我都一清二楚！"这是令我刻骨铭心的话。她终于找到不怕考、考不倒的感觉。

大学物理考试，女儿的成绩一次是100分，一次是99分，教授问她："你怎么没报物理系呢？"一位教动物解剖的教授说："……不及格的太多了，都说我题目出得难，怎么王世珍就得满分呢？我就挑不出错来。"女儿对她母亲说："您开车路过我们学校可以到系里看看，考试分数全打出来贴在墙上，您别找我的名字，您就找最高的分。"

大学的科目能考试100分，我佩服。女儿说："考试100分很正常，老师都讲过，没考100分倒是不正常，要找原因。有的同学笑我，认为我为几分计较，还找老师问，太较真了，其实我是在找问题，找漏洞，找不足。"大学的4年，她是越考分越高，"脑子像水晶一样透彻"，是十年磨一剑呀！

有人说，凡是学习好的学生，学习习惯一定好，是的，好的学习习惯的日积月累，会形成优秀的学习品质。学习品质是全面素质在学习上的显现，是会学习、爱学习的不竭动力。从关注孩子的学习结果，转到关注孩子的学习过程，在学习的主要环节上，从学习的每个细节着手，耐心地进行量的积累，耐心地等待质的飞跃。

"脑子像水晶一样透彻"，希望每个孩子都能找到这样的感觉。

帮助同学共同进步

讲求合作，会使孩子学得更好，会使孩子与同学的关系更好，会使孩子发展得更好。在帮助同学的过程中，孩子得到的会更多。

很多孩子都愿意帮助同学，解答同学的学习问题，都把别人的问题看得比自己重要，但有的家长担心这会影响自己孩子的学习。过分强调竞争，忽视合作，会对孩子的发展产生不良的影响。奥运会上夺金牌是最典型的竞争，竞争的最终目的是夺到那枚金牌，还是提高那项运动的水平？就奥林匹克精神而说，竞争是合作，是共同发展。讲求合作，会使孩子学得更好，会使孩子与同学的关系更好，会使孩子发展得更好。在帮助同学的过程中，孩子得到的会更多。

女儿告诉我，有的同学问她问题，本来她自己做对了，思路也比较清晰，可当给同学讲时，开始振振有词，讲着讲着，同学这么一问，那么一问，把她也给弄糊涂了。女儿只好重新看课本，仔细分析之后，再给同学讲。这么一折腾，女儿对这个问题的知识点记得更牢了，更明白了，是一次极好的复习。有时候解题思路不一样，各说各的理。进一步研究后，又得到一种新的解法，又发现一种新的思路。

女儿深有体会地说：“无论成绩高低，在一起研究、讨论都是你中有我，我中有你，像绳子一样几股拧在一起，是互补关系。同学之间的讨论更是无拘无束，想说就说，用不着任何顾忌。”

女儿还说到这么一种情形：她与一位和她水平相当的同学研究一道题，讨论不出结果就去问老师，老师点拨之后，那位同学很快领悟了，可女儿还没理解。老师忙于其他事情，同学就给她讲解。同学的领悟力是平时勤于思考的结果。女儿在事实面前不可能骄傲，也骄傲不起来。

更多的是一些学习稍差的同学找她。这些同学平时成绩不好，压力很大，常常在中午找女儿讨论问题。女儿有时正忙，就不耐烦地说：“等会儿！”人家就耐心地等，讲完题后很有礼貌地说声“谢谢”。这些同学不愿失败，不甘失败的精神对女儿也是一种教育，是女儿帮助了他们，还是女儿学习了他们？

帮助从来都是相互的，受益的是双方。我们教导女儿帮助和被帮助，永远是平等的。当然，滴水之恩涌泉相报的传统美德，我们也会讲给孩子的，在她得到帮助的时候，她会更好地帮助别人。

在奉献中，女儿得到的更多，最直接的是学习上的收获。还有同学友谊上的收获，她在同学中人缘好、朋友多、威信高、心理状态极佳。更重要的是她学会了合作，合作是生存的技能，是发展的技能，合作使她后来在美国的发展更加顺利。

有一次，和女儿同一研究所的博士找她，述说他们的一项和女儿相近的研究深入不下去，女儿听后给他们提出几个思路，他们非常感激。

我说：“研究思路应该是你的商业秘密啊！你告诉了他们你怎么办？现在申请科研经费竞争那么激烈。”

她说：“告诉他们我起码得到四个好处：一、他们采纳了，说明我的思路是可行的；二、无私的帮助会得到真诚的友谊；三、告诉他们我没有了，但可促使我进行新的思考；四、也是最重要的，是我高兴这么做，没有比自己高兴做更重要的了。用不着友谊的回报，自己做着高兴就是自己对自己的回报。”

驯兽师的启发

在驯兽师眼里，狗熊是聪明可爱的，在有些家长眼里，孩子是蠢笨可气的。孩子比狗熊智商高，但是每个家长未必比驯兽师有智慧。

女儿上大学后，在家的时间就少了。我们继续使用“熏”的方法，抓住机会，对她进行“教育”。“……人家刘校长的儿子正在读研。”我常在饭桌上假装不经意地影响女儿。“行了，行了。我都看透了。爸爸，您别老在我跟前说‘硕士’‘博士’的。您知道我为什么这么努力学习吗？”我被问住了，看着她，不知道怎么回答。努力学习的理由太多了。女儿的答案很简单：“爸爸，您是不知道啊，知识太有趣了，越学越有趣。比如物理学完了一章，你会突然发现，原来就是数学上的一个公式，我努力可不是为了‘硕士’‘博士’，而是知识本身太有趣了。”

女儿上了大学，才又找回感觉。在上小学前，没有“排名榜”的压力，尽情地阅读一流的故事，得到的是知识带来的乐趣。上学以后，学习的兴趣逐渐变成压力，总是保持班级前十名之列，也许为了缓解压力，她课外阅读的兴趣一直很强烈。

直到高三，她转入了“快班”，开始是班上最后一名，后来考一次进步一次，高考前就已经跃入班内前七八名了。

上大学的4年，女儿的学习进步之快连我们都惊喜！由入学时天津考生的最后一名，到大二下学期开始保持着第一名。女儿的解释是：“知识本身太有趣了。”

这是最本质的学习。学习是享受，学习是快乐。而我们曾经与应试教育联起手来，以分数为追求的唯一目标，以博士为奋斗的最终理想，压力与孩子学习的兴趣拼杀着，万幸的是孩子没有失掉对知识本身的兴趣，孩子求知的渴望是强烈的。

我非常爱看中央电视台的《走近科学》节目。

有一期节目介绍动物的驯化，给我印象最深的是宁波动物园一位年轻的驯熊师。他驯的“熊明星”可以骑自行车、滑滚轴，还可以玩吊环，打拳击……

他说，每当响起开场音乐时，熊就会激动起来。它把上场表演当做玩耍，当做它最喜欢的游戏。它在生活中有某种动作，我们就开发它这种动作的潜能，形成一个节目。所有动作的完成，都是表扬的结果。

比如吊环，它把爪子伸进环里，马上就给吃的；它身体往前伸，马上就给吃的；它翻个跟头，马上就给吃的。上场表演节目，是它最高兴的时刻。

太深刻了，“熊把上场表演当做玩”，“所有的动作都是在表扬中练成的”，这分明是教育格言，是对我们这些望子成龙的中国家长的忠告。

爱因斯坦说：“兴趣是最好的老师。”这位“老师”本来就在孩子的本性之中。

心理学家告诉我们，兴趣有三个要素：一是遗传，它是以气质的形式表现出来，它对人未来的影响微乎其微；二是模仿，模仿是人类的本能；三是强化，关键就是“强化”，不是几遍地默写，也不是几遍几遍地重抄，而是让孩子自己一次又一次地体验学会了的快乐，一次又一次的成功感。兴趣不是家长逼出来的，而是孩子自己的体验。家长如能去掉功利心，为孩子创造发展兴趣的机会，那就已经是成功了。在驯兽师眼里，狗熊是聪明可爱的，在有些家长眼里，孩子是蠢笨可气的。孩子比狗熊智商高，但是每个家长未必比驯兽师有智慧。

学游泳的思考

学游泳允许失败，孩子会游了。考试不允许失败，成绩越来越差。学习不承认差距，反而差距越来越大，变成知识的断层，心理的障碍。

有些孩子因为学习上的差距，形成了失败者心态。我苦苦思索其中的原因，突然就想到带女儿游泳，其中像是有必然的联系。

女儿是经过三个夏天才学会游泳的，每个夏天顶多去游泳池四五次。和她一般大的小孩，有的专门学过，游得已经很好了，比她大的孩子会游的也不少。如果以会游泳的孩子为标准，严格地要求女儿，让她在规定的时间学会了，游好了，她也许能做到，但她付出的，包括心理影响在内，会很多。也许她很快会游了，但并不能感到学游泳的快乐。

在任何一个会游泳的人面前，初学游泳的人是不会有任何心理压力的。孩子都坚信自己能够学会，而且会游得很好。学游泳时，承认差距存在，差距就消失了；允许失败，失败就消失了。没有一个家长会硬性规定：不准被呛，不准被灌，而当孩子被呛、被灌了几口水时，家长更加关怀、指导、鼓励。

孩子在学游泳时，并没想超过那些会游的，只是想自己也像他们一样自由自在地游。在学游泳中体验其中的快乐，快乐会促使他更愿意学游泳。如果以超过某某人为目标，就不会体验游泳过程中的快乐，使本来自然地学游泳，变成功利地学游泳，破坏了学习活动本身所固有的幸福感、成就感。

女儿用三个暑期才学会游泳，“学会”的标准是头能浮出水面的“蛙泳”，我们一点也不觉得学得慢。从第一天开始，我们就带她去“玩水”。以“学会”为目的，总会看到差距，难免对孩子不满，而以“玩水”为目的，能让孩子体验到快乐。前者关系紧张，后者关系融洽。

所有的孩子到游泳池都愿意玩，学游泳就是在水中的游戏。他们不会因自己漂浮不起来而感到自卑，他们玩得很开心。有一次女儿对我说：“爸，我会水中‘无头菩萨’。”她憋住气，头没在水中，双手合在一起。有时来个“鸭子追鱼”，脑袋使劲往水里扎，两脚玩命蹬，自以为身子沉到水里，其实屁股一直露在水面上。就这样轻轻松松地学会了游泳。

家长坚信孩子能学会游泳；家长知道学游泳必定会呛几口，孩子被呛，家长总是关心鼓励；家长明确只是让孩子学会，而不是超过别人，学游泳的过程就成了孩子饱尝学习快乐的过程。家长的理念，决定了他教游泳的方式，而方式决定了家长与孩子的关系，最终决定了学游泳的效果。

从孩子学游泳中得到的启示，引发了我们对孩子文化学习的反思。学习成绩有差距，我们要承认，要承认形成差距的多种因素。学习可能遇到失败，要允许失败，应该像学游泳一样在失败时给孩子更多的关怀和鼓励。学游泳允许失败，孩子会游了，考试不允许失败，成绩越来越差。学习不承认差距，反而差距越来越大，变成知识的断层，心理的障碍。

学会游泳与学懂知识一样，有共同的规律，可能你有更深刻的思考。

找到孩子的强项

> 女儿的数学一度处于中等水平，就是冲不上去，甚至影响了对物理的学习。就是这么一次偶然的突破，使她信心大增，学习的能力像提了闸的河水奔涌而出势不可当。直到读大学，她的数学、物理成绩都是最好的。

女儿的学习，有过爬坡的过程，那是高一和高二上学期，越着急，成绩越是上不去。现在想起来，当时就是怨我，因为要面子，常常气急败坏地逼孩子，杵孩子脑门儿的事儿，我也干过。

高二下学期，有一天女儿到家特别高兴，她说：“今天数学课做了一张卷子，上面有一道难题，全班就我自己做了。”女儿很久没这么高兴了，“我的分最高，萌萌（女儿的好朋友）扭头冲我笑，还使劲地点头，为我祝贺。”女儿不会知道，她的笑，我期待了多久，她的笑，让我的热泪在心中涌流。女儿急需这样一次成功来鼓舞斗志啊！她记住了那次练习，记住了老师读她名字的声调，记住了全班同学的态度，记住了萌萌的表情。

女儿的数学一度处于中等水平，就是冲不上去，甚至影响了对物理的学习。就是这么一次偶然的突破，使她信心大增，学习的能力像提了闸的河水奔涌而出势不可当，直到读大学，她的数学、物理成绩都是最好的。

处于落后的孩子都不甘落后，一旦获得成功，就会欣喜若狂，甚至得意忘形，久旱的禾苗得到雨水就会一天一个样，落后的孩子尽享成功的快乐，怎么高兴也不过分。成就感比成绩更重要。

女儿整体成绩处在中等水平时，语文和作文一直是最好的。对学习她始终充满信心。在几个学科里，能有一门保持在优秀行列中最好，因为学校一定要排大榜，就是学校不排家长也排，明着不排暗着排。名次不可能不对孩子心理产生重大影响，总分和单科都不能进入优秀，也肯定会有自己的强项，要么作业是最整洁的，要么朗读课本是最优秀的。即使还不行，那么也有孩子最感兴趣的科目，和自己比，那个科目就是自己的强项。在强项中所积累的经验，所获得的愉悦，会转移到其他科目上，形成自己“一马当先、万马奔腾”的学习场面。

当孩子学习爬坡，不能达到最佳状态时，我们就让孩子放慢速度，重做做过的卷子，即便是新内容，也安排做几道孩子熟悉的旧练习，为孩子创造成功的机会，增加学习的信心。

学习强项的形成，和孩子兴趣、阅读范围、知识结构、认知特点以及在这一学科中经历的成功与失败，甚至和授课老师的情感状态都密切相关。寻找孩子的学习强项要与同学比，更要与自己比。好比一只手，学科是五指，强项是拇指，五指不一般长，握拳都有力。

只要找，每个孩子都有强项。锁定强项，使强项更强，拿自己的强项去和同学们比拼，孩子的信心会更强。

不要盲目追求“神童”

盲目地追求孩子提前考大学，会影响孩子的后续发展，少年大学生失败的例子也很多。而教育孩子的损失是不能弥补的。

少年大学生的存在，真的就是早出人才、快出人才、出好人才吗？

一些家长听到少年大学生的事迹，回到家就说：“你看人家，才十多岁就上大学了，看看你！”少年大学生的事迹成了家长的手榴弹，拉开弦，就向孩子头上砸去。

成就少年大学生关键是孩子成长的环境。绝大多数少年大学生的家长是教师，他们注重早期教育，刻意培养孩子，有的孩子就是跟着父母在教室里长起来的。另外，他们的社会环境也宽松。越是大城市，教育行政部门越“规范”，孩子要是早上一年学，还得麻烦人改户口，走后门。在学校里跳跃式成长的少年大学生，教育行政部门管理宽松的地方多一些。还有的出于孩子个体的特殊原因，家庭的特殊原因，家长要培养“神童”，而让孩子成为少年大学生。个体实际，尤其是环境实际，是出现少年大学生的极其重要的因素。

就大多数家长而言，要从家庭的实际出发，按部就班地学习最好。

我们夫妇都在学校工作，有宽松的工作环境。受到“神童现象”的影响，女儿考入天津实验小学超常儿童实验班，随着超常班的教学进度，提前4年考入大学。但作为孩子的父母，我们体会到：时间是有限的，多学了这个，就一定会少学了那个；经历了这种过程，就缺少了那一种过程的体验。一个人的少年期，多读书，多活动，基础会更好。我不是否定少年大学生，一切必须从实际出发，凡事都有两面性。

少年大学生的成长案例，给我们许多的启示，教我们许多办法，但绝不能追求早上大学。我插队时做过生长刺激素的实验。我们把自造的生长刺激素喷洒到香菜上，数天后，香菜出现“疯长”，本来只能长到半尺高，现在长成一尺多高，茎变得又细又小，再过几天就枯死了，仔细检查，根全烂了，催熟只会伤根。

西北某山区，二十几年前，一片山坡只放牧五十来只羊，现在放牧五百只羊。过度的开发，破坏了当地的生态环境，盲目地追求孩子提前考大学，会影响孩子的后续发展。少年大学生失败的例子也很多。而教育孩子的损失是不能弥补的损失。

女儿的成功，不在于她上了超常班，不在于比别人早上几年大学。事实上，多数超常班的学生在其后来的发展中出现了很多问题，成功的只是少数。我相信，女儿的成功，除了必要的学校教育，更重要的是我们对家庭教育的重视。

把识字变成有趣的事

识字，要让孩子感到有用，有用才会有趣，有趣才更愿意认字。

女儿刚进幼儿园不久，就让全园老师震惊了：“小班来了个神童，认识许多字，全班小朋友的名字全认识！”老师拿来二十几位小朋友的名单，女儿一一读下来，其中有很多不常见的字。教室墙上的园地，院里的标语，她都能准确地读出来。

“神童”，是我造出来的。只要老师让女儿读别的班小朋友的名单，女儿肯定不认识。

在女儿上幼儿园之前，我通过一位老师拿到班上小朋友的名单，用毛笔工工整整地抄在卡片上，对女儿说：“这是你们班小朋友的名字，今后你们要在一起吃饭、学习、游戏，现在让我们先认识他们。”

每天晚饭后，我们都要读一遍。我教她、考她；她也教我、考我。把卡片扣着放，我翻一张她读，或者她翻一张我读。按同姓氏的卡片编成不同小组，我下口令让某姓小组集合，她马上找出那些卡片。她很快认识了这些卡片，开学后非常快地熟悉了每一位小朋友，能准确地叫出他们的姓名。

从幼儿园回来，我就把卡片拿出来，问女儿：“小朋友怎么排队的？”她就把卡片挑出来按队伍的先后顺序排好。再问她：“午睡时谁挨着谁？”

她又把卡片排一遍。“哪位小朋友是值日生”“谁受表扬了”“谁哭了”……结合幼儿园的生活，变换着提问的内容，尽力保持她对摆弄卡片的兴趣。两个星期，全班二十几个同学的名字全认识了，记住了。

老师让她念，夸奖她；小朋友们听，羡慕她。女儿尝到识字的喜悦，她按照名单帮老师统计小朋友出勤，又看到了识字的用处，强化了她识字的兴趣。

女儿1岁多时，我也像很多家长一样，买来那种一面是图画一面是文字的识字卡让女儿学，学不多久，她就不耐烦了，甚至把卡片撕着玩儿。

一次，我发现女儿爱玩那种拼图游戏，用四块拼出熊猫、老虎等图案。于是，我灵机一动，拿出四张识字卡片，先带着女儿看图读字，几遍之后，就让女儿把每张撕成两半儿，像洗牌一样打乱，先让女儿把那四个图拼出来，然后再打乱，再让女儿把四个字拼出来。女儿非常喜欢玩，每晚四五个字，每次二十来分钟，学新的带旧的，在玩中认识了许多字。

孩子们最爱听故事，边听故事边识字，效果非常好。我把每一本画册都贴上书皮儿，讲故事时，先指着书皮儿，念“白雪公主、白雪公主”。掀开书皮儿，又指着封面念“白雪公主、白雪公主”。翻开封面，指着扉页再念“白雪公主、白雪公主”。

讲完故事后，问她：“刚才讲的什么呀？”她答：“白雪公主。”“真好。”说着，我又带她把书名复习一遍，就这样，讲一个故事读好几次书名。

到周六，让她挑自己最爱听的故事书，挑书时，她自己又把书名认了一遍。这样她又毫无负担地认识了一些字。

她爱看动画片，我们就有意查看电视报，让她看到动画片片名，也抄成卡片认读，然后引导她在广播报上找到她要看的动画片片名。到公园游玩之后，就写上所玩的内容：木马、秋千、滑梯、转椅、飞机等。要去北戴河旅游，先写好“我们坐火车去北戴河游泳，在大海里游泳”的纸条贴在家里门上，出来进去都念。

在玩前、玩后认字，女儿都有兴趣。上小学前，我们常把一些幼儿画册、杂志放在书桌上，让她自己翻阅，她已能断断续续读一些了。上小学后，她识字的速度更快了。9 岁时就读完了长篇小说《西游记》《水浒传》《红楼梦》。

识字，要让孩子感到有用，有用才会有趣，有趣才更愿意认字。

不知不觉学数学

数学就在生活之中，幼儿学数学重要的是认识数的存在，体验使用数的快乐，为今后学习数学打基础。

从孩子几个月大，我们就开始输入数的概念。当她看屋里的红气球时，我们会说：“一个红气球，一个红气球。”再大一点，用数字、儿歌逗她玩：“一个宝宝两只手，一共十个手指头。一二三四五，六七八九十。一二三四五，六七八九十……”边说边点着她的手指头数数。数完手指数脚趾：“一个宝宝两只脚，一共十个臭脚豆。”握着孩子一只脚，点着脚指头，“一二三四五，”放嘴上亲一下，“嗯……臭！”接着另一只脚，“六七八九十——臭！”

有关数字的歌谣很多，可以直接用，也可以拿来改一改再用。不要让孩子枯燥地学数，要在玩中渗透数，不要抽象地数数，要让她感觉数字。

在吃苹果时，拿出五个苹果，让孩子的手触到苹果，“一，二，三，四，五”数几遍之后，留下三个，“一，二，三，一，二，三”数两三遍，然后说：“爸爸一个，妈妈一个，宝宝一个。”类似这样的学数方式很多。饭前数碗、分筷子，让孩子给爸爸拿帽子拿鞋，就夸奖说：“宝宝真聪明，一顶帽子，两只鞋。”

随着孩子对数的认识加深，我们更加注意引导她体验数的应用。买东西时，有意把声音提高，语调放慢：“多少钱？四角钱，我给您一元，您找给我六角。”不是为了让女儿学数，而是让她感到有用。明天要带她去公园，今晚就在白纸上写出要经过的汽车站，告诉她一共几站。带她去亲友家串门，先说一遍，亲友住在几号楼几单元几室，到那儿就找楼号、单元号、室号，生活当中处处有数学。当然，我也不是时时处处都教孩子认数，只是注意了，可能比别的家长多想了一些，多做了几次。

孩子在游戏当中，接触的全都是数学。积木就有不同形状不同块数，用不同形状的瓶子玩水，就接触容量问题，尤其在与小伙伴游戏时，她们必须公平、公正，这样才能玩在一起。公平、公正的衡量标准也是数，例如玩抓子儿，“你玩一次，我玩一次”“你比我多，我比你少”都离不开数。

孩子最爱听故事。每晚我给她读五本画册，五本是一组，周日就让她把画册打乱，凭自己的兴趣，五本重编一组。有时讲完两本后，就问她：“还差几本呀？”讲完四本我会说：“再加上一本就五本了。”

女儿五六岁时，一次我侄子的女儿也在我家吃饭，她比女儿小，平时吃得少，女儿的二伯鼓励说：“真行，跟老姑一样一碗都吃下去了！”女儿说：“不对，我的碗大，她的碗小，我吃的比她多，我其实是两碗。”

二伯非常惊奇她对数的理解。

我和许多家长一样，也使用《幼儿学数》一类的画册，如果能和生活结合起来，效果会更好。数学就在生活之中，幼儿学数学重要的是认识数的存在，体验使用数的快乐，为今后学习数学打基础。

Part 4

新

听孩子说更重要

听完孩子每一次讲述，都要从情感到语言大加赞赏：“说得真好！”然后再把她表达的意思规范后慢慢说一遍，做出示范。家长讲，孩子听；孩子讲，家长听，更重要！

不断地丰富孩子的词汇，孩子思维的发展才快。思维离不开词汇，词汇是概念，是组成句子的基本单位。心灵“嘴巧”，词多了，才能准确表达思想。

再有就是听，家长听。尤其是孩子有要求要提出，有事情要叙述，有感受要表达的时候，家长一定要认真听，此时的聆听极其重要。微笑着，耐心地听孩子讲完。千万别不耐烦，不要急于帮助孩子表达，更不要当孩子刚说几个字，已经明白了她的意思，不等孩子讲完，马上按她的意思去做，实现她的愿望。这样，孩子失去使用词汇的机会，失去思维的机会，只会变得懒起来。

她要做什么，可能一个表情家长就理解，没等孩子说话，家长立马就办。办错了，孩子表示否定，家长又去做。替孩子思维，替孩子表达，是害孩子。家长在教孩子词汇时，就开始娇宠出孩子不主动学习的习惯，很多孩子长大之后，就会很懒惰。

家长没有意识到，他们早就输在培养孩子的细节上，最大的错误是看不到错误，就在你习以为常地帮助孩子表达，急于实现孩子要求的行动中，已经铸成日后孩子成绩的不佳、创造力的低下。超常教育，就是在家长司空见惯的教育行为中看到问题，在细节上与别人不一样，在细节上取胜。

听完孩子每一次表述，都要从情感到语言加以赞赏："说得真好！"然后再把她表达的意思规范后慢慢说一遍，做出示范。

另外，还应该有意识地进行说的训练。可以看图说话，可以复述故事。在某项活动后，家长按时间顺序有提示地提问，让孩子讲述。有时我们当观众，让她站在"台"上讲故事，有时邀请小朋友一起，大家轮流演节目，还有许许多多的形式，都可以进行表达的练习。

有时学习词汇时，我们让女儿去感觉，例如学习"粗糙""光滑"，就让女儿摸一下有关的物体。在和孩子说话时多用同义词，孩子坐在秋千上，我问她"美不美""好不好""真愉快"等，有时我们全家一起玩词语接龙，第一个人说"汽车"，第二个人说"车轮"，"第三个人说"轮船"，上个词的最后一个字换成下个词的开头时，也可音同字不同，就是为了玩词汇，女儿还爱玩反着说，"我吃饭""饭吃我"；"锅盖""盖锅"；"红旗""旗红"等。玩组词游戏也很好。例如，用"水"组词，"水"可以在前，也可以在后。找常用的字组词，一次只选一两个字，要保持孩子的兴趣。

丰富的词汇，促进了女儿思维的发展，她7岁写的作文在《天津日报》《小学生作文》上发表，10岁写的足球短评在《今晚报》上发表，还被评为天津市"故事大王"，重要的是还培养了孩子课上积极回答老师提问的能力。

鼓励孩子创新

家长要大胆地肯定自己的创新精神，要细心地呵护孩子的创新意识，创新是家庭生活幸福之源。

同事的妻子原是一家大型国有企业的检验员，下岗以后，给别人看过摊，帮人卖过早点。最后决定自己买辆三轮车，专卖大饼炒鸡蛋。她骑自行车，在二十几里外的市场上买了一辆旧三轮，不会骑三轮，就把自行车放在三轮上推着往回走，车辆少时就试着骑。因为路太远，要学会骑的愿望就很强烈，后一段路竟是骑着回家的。

别人卖的是大饼切成的角饼，她卖的全是自己烙的家常饼，别人备有五六种咸菜，她准备了十来种，而且好多是自己腌制的。因为干净、味道好、服务热情，越卖越火，一些单位还提前预订，十几份十几份地买。她一个月挣的钱比中学高级教师的丈夫一点儿都不少。

像这样下岗以后，适应新的环境，学门新的技术，得到新的发展的例子，每个人身边可能都会找到几个。

改变就是创新。由不会骑三轮车到学会骑三轮车，由给别人打工到自己干，尽管有那么多卖大饼炒鸡蛋的，仍自己尝试去卖，而且要想方设法卖得好，都是在创新。创新能力强的人适应能力强，应变能力强，能让自己的全部能力得以最佳发挥。

卖大饼炒鸡蛋而保证了生活的下岗女工，是创新之人；从卖花生仁开始到拥有上亿元资产的民营企业家是创新之人；一把剪刀让充满西北风情的窗花走出国门的山沟奶奶是创新之人；让“神五”遨游太空的科学家是创新之人。

我们大家都是创新之人，都有创新的潜能，都有创新的精神，只不过受创新能力高低和客观条件的制约，其创造结果有大有小而已。

一些家长看不到自己的创新能力，是因为对创新的认识有误区，对创新的定位过高。总认为世上没有过的发明创造才是创新，那是科学家、理论家、发明家、艺术家的事，高不可攀。

其实还真不能怨家长。我们曾经受过的家庭教育、学校教育、社会教育，只要求我们服从、听话——听家长的，听老师的，听领导的。创新能力在个性之中，而个性是被压抑的、否定的。直到今天，变革的社会激活了我们创造的潜能，我们正在积极主动地、创造性地适应世界的变化。

家长的创造精神，正潜移默化地影响着孩子，而当孩子跃跃欲试要求创新时，家长却在压制孩子。

有几个上小学二年级的学生，午饭后在操场上玩耍。这是一片工地，存放着建筑用的钢筋。一位同学不小心把脚伸进钢筋空隙中，怎么往外拔也拔不出来。同班的一位女孩急忙走到校门外的工地上，她对一位民工说：“学校有点活你干吗？给你钱。”那位民工跟她到了学校，民工拽开钢筋，同学的脚就出来了。女孩儿自己有一元，又找同学借了一元，给了民工两元钱。

我见到这个女孩说：“司马光砸缸也不过如此，你太棒了！”女孩的父亲是下岗工人，常干一些和民工打交道的零碎活儿，女孩就把“请民工”

用到救同学上。

听了我的赞美，女孩的父母都说：“这算嘛呢！提高学习成绩才是真格的。”这么出类拔萃的创新，没能得到家长满怀热情地赞扬，反而是用“成绩”的要求压掉创新的需求。

女儿有一次问我为什么不吃芹菜叶，我说：“人们都不吃——不过咱们可以炒个菜试试。”女儿把芹菜叶洗干净，我给炒熟了，好么，太难吃了。看来人们不吃是有理由的。过几天她妈妈说：“人家说把芹菜叶焯一下，用蒜泥拌着吃，特好吃。”我们做了，还真不错。女儿得意地说：“我说能吃吧？小兔能吃我们就能吃！”

创新具有社会价值、经济价值和发展价值，孩子的创新重在发展价值。他们的创新意识的增加，创新思维的扩展，创新精神的发扬，会推动孩子未来的发展。

每位家长都是创新之人，大家都有把工作做得更好的经历，而且还想办法把工作做得更好日子过得更好。家长要大胆地肯定自己的创新精神，要细心地呵护孩子的创新意识。

创新，是家庭生活幸福之源。

敢于打破常规

孩子个性的形成还是在家庭，家里有不同于学校的时间，不同于学校的环境，孩子在家庭中得到更多思维发展的自由。

女儿邀请我们去了一趟美国，她的导师和同事都说她聪明，工作很出色，与每个人合作得都非常好，甚至说她的能力与年龄不相仿。

在这之前，女儿的导师应邀到美国参加一个他们研究专业的国际学术研讨会，女儿在会上做了研究报告。导师回国后对我们说："孩子太优秀了，我身边的美国学者问我'你的这个学生会说中国话吗'，实验干净、漂亮，表达清晰、准确。就是和一般的孩子不一样。"

导师的夸奖，让我们坐不住。但还是真的愿意听，激动得我对送我们下楼的导师把"您请回"说成"您慢走"。而且几年后还常常回忆起导师每一次夸奖女儿的情景。

当年，女儿在免试留校直接攻读博士学位时，与导师有一次面谈。导师说："听老师说，给我保送了一个'神童'。搞科学研究不在于你考试分数多高，重要的是思维能力。"女儿回家就告诉我，听完导师的话，她心里想："这是我的强项啊！"

女儿能在自己的研究领域不断地有所发现，得益于大胆地思维。

而且这种个性的形成，目前只能靠家长。

应试教育，就像把孩子放在传送带上，从这个年级升入下个年级，从这道工序送到下道工序，把鲜活的孩子，加工成死板的标准件。应试教育的弊端，摧残着孩子们的创新能力。

教育正在改革，但不会一步到位。高速运行的火车不会突然停住。即使真正推进素质教育了，孩子个性的形成还是在家庭，家里有不同于学校的时间，不同于学校的环境，孩子在家庭中得到更多思维发展的自由。

千篇一律标准化的教育，只能产生平庸的人；个性化的教育，才能培养创造性人才。

有一次我带女儿去水上公园回来，路过我表弟工作的商店，顺便看望一下。一位四十来岁的妇女告诉我："他不在，您有事吗？""没事。"我转身要走，她热情地说："我可以告诉他。你是他什么人？"如果我不急着往外走，她还会热情地追问。

第二天，表弟说："我下午一上班，那位张姐就说了，'你有个表哥住在河东吧？中午找你来了，是个神经病吧？'我说：'我表哥是中学的老师，人好极了。'她说'他有个女儿上幼儿园，我每天都看他送孩子，没一天不和孩子背儿歌的，有一次突然停下来，把孩子抱下来，看地上的一只蝙蝠，看了一会儿，还用塑料袋抓住蝙蝠扔到房上去'。"

"对对对，有这回事。"

"她还说你有时下了自行车，带孩子念大街上的路牌。"

女儿六七岁时正赶上天津起士林西餐厅重修开业，我带女儿到起士林，花了五角钱给女儿买一碟刨冰。女儿吃，我在对面坐着，我也偶尔拿勺在她碟里舀儿口。当时的起士林装修很豪华，我是带女儿来玩的，让她上下楼看看环境。不买刨冰，我还真不好意思带孩子进来。

那么巧，碰到我们单位三位男老师。十几年以后，其中的一位邢老师对我说：“你还记得咱们在起士林碰见了吗？”

“我们去过，碰见你们的事还真忘了。”

“告诉你啊，我们三人离开起士林一路上议论你，我们说大珍毁在王继起手里了，就你这样还能教育出好孩子来？20多年了，事实证明你对了。”

在我认为很正常的教育，有些人认为反常。如果真的和他们一样，女儿也不会成为今天的女儿。

当时真没想到，在一些人的眼里我是“神经病”，可是又一想他们说的也对。女儿不是“神童”，我是“神父”。

课外活动

玩得快乐就是收获，这些科技小活动，必定激发他们对科学的兴趣。

学校要求的所有课外活动，我们都一样地认真对待。

自然老师提出，每个同学冻好一个冰花带到学校。那时家里还没有冰箱。我们就和孩子一起，找出各种形状的水瓶、小盒，倒上水，放上电光纸、花布头，老师让冻一个，我们冻了五个。这还不行，我们还必须得有创意。女儿说：“可以放里面一根棍儿，冻好了像冰棍一样拿着。”她妈妈说：“也可放根绳，冻好了提着。”“对呀！”我说：“还可以用一根长绳，把几个冰花冻在一起，一提一大串。”

第二天，女儿就把一串冰花带到学校，没有一位同学和她一样。老师表扬，同学爱看，女儿得意。没带来的，就算老师不批评，只是和女儿比较，他们也有失落感、自卑感。家长有很大责任，很多家长不重视这类作业。而学校的这类作业，没有标准答案，越新奇越好。为什么不抓住机会，让孩子表现一把？

学校开展科技周活动，家里也同时进行。例如，“读一本科技书”，我们全家每人各读一本，而且这一周内集中读科技杂志，其中有些是从图书馆临时借来的，有的孩子不一定能读，她能知道有那么多种科技杂志就行了。然后，还有“三分钟演讲”，分别介绍自己所读科普书最有趣的内容。例如，“做一个科学小实验”，每人都各自找资料，然后演示给大家看。

女儿把一张纸条用手指反压在下巴上面，使劲吹气，下垂的纸条就飘上来。她说：“上边空气少了，下边的来补充，就托起纸条儿，飞机就是这么飞起来的。”她妈妈把一根筷子插到装满米的杯子里，把米压实，提起筷子就把杯子带起来，她说：“这是摩擦力在起作用。”我用一根黑线捆住一个鸡蛋，把鸡蛋提起来，用火柴烧鸡蛋下面的黑线，却烧不断。我说：“这是一个燃点的知识。”这些实验都是我们从书上看到，或者看别人做过，自己曾经玩过的，介绍这类小实验的参考书也很多，但家长去买的很少。

参加这些活动，孩子有什么提高，有什么收获，可能一时看不出，但重要的是未来的发展。玩得快乐就是收获，这些科技小活动，必定激发他们对科学的兴趣。

家庭环境的不同，影响着孩子的个性。不同的个性是在不同的生活环境中相互刺激形成的。家长对学校课余活动的不同态度影响孩子的个性，影响孩子创新能力的发展。

要像对待重要的课程一样，去对待学校要求的课余活动。与老师联起手来，积极地推进素质教育。

向您推荐几个小实验：

1. 吸管戳土豆。类似喝酸奶吸管一支，土豆一个。让孩子用吸管使劲戳穿土豆。戳不透，引导孩子分析，关键在吸管。用拇指堵住吸管的上口，再用力戳，准能穿透。

分析：大气的压力。

2. 沉浮的鸡蛋。一只生鸡蛋，一杯清水，一杯淡盐水，一杯浓盐水。观察鸡蛋沉浮的状况。

分析：密度发生变化。

3. 报纸不湿。团一小团报纸，塞在玻璃杯底部，把它倒扣在盛水的脸盆里。然后拿出杯发现，报纸没湿。

分析：报纸缝隙有空气，空气有体积，保护了报纸。引导孩子思考，轮胎、球，还有膨化食品包装袋等都运用此原理。

4. 纸片托水杯。水杯中倒进多半杯水，盖上一张卡片纸。一手拿杯，一手按住卡片纸，倒过来，轻轻挪开托卡片纸的手，水流不出来。

分析：大气的压力。

5. 烧不断的棉线。在一杯清水中不断加入食盐，并用筷子不停地搅拌，直到食盐不再溶解为止。将一根棉线放入配制好的浓盐水里浸泡一下，拿出来放在桌上晾干。将晾干后的棉线用手提起，点燃一根火柴去烧棉线。棉线从下端一直燃烧到上端，但烧过后的线灰仍像一根线一样没有被烧断。

分析：盐不能燃烧。

6. 飘飞的塑料袋。打开塑料袋，倒置。将吹风机伸入塑料袋，并打开热气开关。几秒钟后，关闭吹风机并拿开。松开手，塑料袋会飘起来。

分析：热气轻，向上升。

7. 梳子带电之后。拿一把塑料梳子，在你头上迅速梳一会儿，或者在衣服上摩擦一会儿，使它带电。拿它吸碎纸片，等到梳子的电减弱后，碎纸片才掉下来。另外，把一个乒乓球放在桌上。像刚才那样使梳子充电，你移动梳子，乒乓球会跟着梳子滚来滚去。还有，把水龙头微微拧开，让水流越小越好。还是把梳子充电，在水流前移动，你看水流会有什么变化？

各位家长，有句话说得好："不嫌孩子上楼慢，就跟着；要嫌孩子上楼慢，就背着。"孩子是主演，家长是导演。一定让孩子自己动手做。小实验，只是培养孩子的科学素养，大可不必非得弄准科学原理，就当是玩。当然，有兴趣弄清原理，可指导孩子查资料，请教老师。我给的分析，不一定标准，让孩子来补充、纠正。孩子可能在学校也会做实验，但作用不同。您在家与孩子一起做，是在和谐的亲子关系中实现与孩子共同成长。

适当宽容孩子的反叛

家长强烈的控制欲，家长严重的关怀强迫症，必然遭到孩子的反抗，而且是压迫越重反抗越深。

先讲两个别人的故事：

1. 沈主任的儿子考入北京一所名牌大学。沈主任对儿子的管理是一贯严格的。终于在报到的前几天母子大吵起来，儿子说："在家里每次（冲突）都是您胜利，这次我偏要让您败一把！您可别当我是我爸，嘛事都得听您的！"一连几天，母子冷战。直到爸爸说儿子："你这样对抗下去，可行李的准备全靠你妈妈呀！"儿子才和妈妈妥协。沈主任说："从来没有过的，我把他胳膊都打红了，哪打得动他啊？"

2. 一位亲戚，老人过生日，来了一大家子人。他儿子对我说："我也不知道哪来的邪火，我爸就像平时那样说我，这回当着那么多人，我大闹一通，谁也拦不住，我觉得我多年的压抑都喊出来了。事后，我觉得我爸也够不易的。"这孩子考入天津一所职业技术学校。

再说我们的事。在美国，因一件小事，对女儿不满，我大发脾气。女儿也和我吵起来，大声争辩，对我进行批评，也冷战了三天。女儿从来没有这样过，我当时很伤心。说实在的，她讲的还是有道理的。但是，我接受不了她的态度。

这些都是发生在生活中的真实的例子。我们可以对孩子指手画脚，而不允许和他们真正地平起平坐，孩子自然要反抗，对我们并未察觉的自以为是的控制欲反抗，对我们自称无私强加给孩子的爱叛逆，孩子的个性在反叛中发展，在对家长压抑的叛逆中成熟。

控制与独立就是守旧与创新。孩子们为什么都喜欢哪吒？哪吒是反叛家长尊严的英雄，他竟然把骨肉还给父母！孩子们为什么都喜欢孙悟空？就是师傅念紧箍咒他不听，也要打死妖精！

反叛，是对束缚的挣脱，是对新的追求，是向独立人格的发展。反叛，是大地上幼芽破土而出，是峡谷里大树伸枝展叶。反叛，是创新的动态。

我想起我们宽容女儿反叛的三个小故事：

1. 女儿四五岁时，一天晚上给女儿洗头。我往盆里兑热水，她妈妈试试水温说：“行了。”女儿低下头，水刚撩到头上，她突然站起来，大喊：“你们俩都不是人是狗！”我们惊呆了，她说，“水太热。”就是不洗。

“我们为什么会是‘狗’呢？”终于找到原因：在洗头之前，她要吃香蕉，我说洗完脸再吃。现在把洗脸变成洗头了，水又热，她不舒适，又急着要吃香蕉，于是就骂我们是“狗”。我们向她承认了错误，当然也告诉她：“我们是人不是狗，狗会汪汪叫，我们会说话，可以着急，但不能把人说成狗。”

2. 9 岁那年她刚上初一，老师留的作业非常多，和小学大不一样。同学们都受不了了，在一起商议。女儿写了一封“抗议书”，她负责收发作业，就把“抗议书”放在作业本中，一起交给老师。老师请我到学校，告诉我这件事。我回家告诉女儿：“你做得很好，班长就应该代表同学给老师提意见。老师也没有好的办法，大家考高中都靠大量的训练。作业多了，你们受不了，老师也会认真考虑的。”

3. 女儿也是歌迷，有一阵儿迷上小虎队的歌。高一时她们三个同学要在年级联欢会上唱一首，其中有一句话“让我们自由自在地恋爱”。她们才 12 岁，老师说：“要唱可以，最后一句改为自由自在地‘友谊’。”女儿大为不满，可劲儿地批评老师，尽情发泄满腔不满，我们笑着听着，没有制止。第二天演出回来，我们问：“自由自在地友谊，一定是掌声如雷吧？”“嘛呀！全场哄堂大笑！”

没有独立的人格，不会有独立的思考；没有独立的思考，不会有思维的创新。叛逆，能形成独立人格，创新也就在叛逆之中。家长强烈的控制欲，家长严重的关怀强迫症，必然遭到孩子的反抗，而且是压迫越重反抗越深。容忍孩子的反叛，反思孩子的反叛，肯定孩子的反叛。

霜花带来的启示

我小时候就是这么爱看霜花，女儿也是这么看霜花。看霜花的快乐在于自由地想象。

刚看过《大宅门》，又来了《康熙王朝》，其中斯琴高娃饰演的白家二奶奶、孝庄皇太后令人难忘。她没有进过专门的艺术学校，当记者问是什么使她走上表演之路的，她说："梦。"见记者不解，她又坚定地说："是梦想。"

她讲了自己童年的梦想。小时候，她和姥姥住在一起。冬天，窗户的玻璃上结满霜花，绽放了她无尽的梦想：这是一片大森林，森林中有许多小动物。有的直愣愣地看着你，有的躲藏在树后，有的爬到树上……稍不留神，就找不到刚才的图案，不过，看着看着，又会发现一幅新的图案，也可能又找到原来的小动物。

窗上的霜花，是一本适合于任何孩子阅读的童话，是一部永放不衰的电影，是一座最好的迪士尼乐园。我小时候就是这么爱看霜花，女儿也是这么看霜花。看霜花的快乐在于自由地想象！斯琴高娃的梦，就是想象，她的艺术创造力，来自丰富的想象力。

培养孩子想象力的方法很多。当然，最重要的是知识与经验。多给孩子讲故事，指导她多读书，放开她的手脚让她多活动。积累各种各样的经验，指导她多看，多想，对她所有的想象都及时地肯定。

过去我家房中间垂下一根灯绳，女儿在灯下看书，灯绳正在她头上，她突然说："爸，我成了'头悬梁'了。"她拿着一根木棍儿玩，阳光斜照过来，木棍儿的影子在她身后成了"尾巴"。她停下来，说："我成了'老虎外婆'了。"

有时一家三口看窗帘编故事，就是印着花的窗帘，看久了，真能看出不同的图案。今天晚上我讲，明天晚上你讲。有一段时间，晚上睡觉她不让我们关灯，她侧躺着看墙皮，在墙皮上寻找，想象她发现的故事。

深秋，我捡了一片黄褐色的杨树叶，我问："像什么？"她说："扑克牌中的红桃。""还像什么？""像心的图案。""像七个小矮人的胡子。""像蜡烛的火苗。""像放大了的水滴。""像狮子的头。"

我们一起动手，又找来一片小的带柄的叶片，把树叶贴在卡片上，贴上眼睛、鼻子，真的是一只威风凛凛的雄狮，叶柄正好是狮子的尾巴。这一发便不可收，用爬山虎的叶片贴金鱼，用香菜贴水草，用开心果壳贴小船，用各样的豆子拼成"三个和尚"……

到了十一二岁，她更喜爱科幻电影、科幻小说。有时电影结束，或合上小说，她还在想……此刻，我们从不打扰她。

发散性思维

家长是比孩子能，要能在引导上。家长也是一块砖，让孩子“踩”着你走过去。

有学者说：发散思维是主体面临问题时，思路由一条扩展到多条，由一个方向转移到多个方向的思维方式。发散性思维就是创造性思维。它可能在事物原有的基础上产生新意义、新思想、新理念、新设计、新形式、新方法。培养孩子的发散性思维，家长很容易做到。

首先，可以选择有多种结论的问题问孩子。以砖的用途为例：砖可以盖楼房，盖围墙，盖烟囱，可以铺路等。当孩子的回答只局限于建筑这个唯一的用途时，家长要和孩子一起尽力开发砖在建筑方面的用途，想得越多越好，砖还可以砌游泳池，砌井，放在水洼中当桥。

可以从城市想到农村，搭鸡窝，垒猪圈等。虽然都是同一类用途，但是思考的范围扩大了。最好还要引导孩子超越砖的基本用途，想到另外一种性质。

例如砖可以用来做武器，打狗，砸老鼠，打坏人等。砖还可以当凳子坐，当枕头用，当梯子用，可以买，可以卖，可以当礼物送人。小孩子玩过家家时，可以当玩具磨成细粉，知道一块小砖头的重量后可以当做自制天秤砝码等。

家长应该注意从一个思维方向转到另一个思维方向时，要“引导”孩子想出来，要用提示性、启发性的语言，例如“要是下雨后有水洼，人们过不去，能不能用砖——”要等孩子回答。孩子可能想到：“把砖垫到水里踩着，还可以在砖上放木板架桥。”任何物品的功能都不是单一的，可以广泛地开发利用，这类问题有许许多多。

其次，可以和孩子玩组词游戏。例如，用“水”组词，孩子可能最先想到“喝水、汽水、矿泉水、橘子水、自来水、白开水……”然后想到“清水、脏水、臭水、香水、药水、河水、海水”，在类别上就开始有跳跃。还可引导孩子说出“泪水、汗水”等。孩子会体验到跳跃出一个类别，又是一个新世界。

这些词都是“水”在后，经过家长提醒可以把“水”放在前边，又组出一大批词来：水碗、水杯、水池、水库等。经过多次训练，让孩子知道改变一下字的顺序又是一个新天地。

第三，寻找事物的关系链。例如：钉子和听诊器。家长尽可能把它们的关系编到故事中，为孩子做范例。可以这么联想：“有一位工人，做一个木箱，把钉子钉在木板上。过了几年，箱子没用了，有个人拆开它，钉子锈了，还钉在木板上，钉子头露在外面。一个孩子不小心踩上，扎了脚，几天后脚已经肿起来，大夫怕孩子受到感染影响心脏，就用听诊器听了他的心脏。”

这段故事也可以倒着讲，先讲听诊器再说到钉子。随着孩子知识的积累，思维的发展，寻找关键链的语言越简洁越好。例如：皮鞋和蝴蝶。可以是“妈妈早上喷香水时不小心喷在女孩儿的皮鞋上。女孩儿在草地上玩，一只蝴蝶飞来，落在女孩的皮鞋上。”只要能联系上就行，可以让孩子说两个词，家长找联系，也可以家长说孩子找。

第四，说说像什么。捡一片杨树叶。问问孩子像什么。像心、像雄狮头、像胡须、像逗号，这都是叶尖朝下时。引导孩子换个方向，叶尖朝上再看，像桃子、像扇子、像水滴、像火苗、像帽子等。还可以画个圆形、方形、三角形，让孩子自由想象像什么。

第五，思考代替品。例如，吃饭没有筷子怎么办？可以用做饭的铲子、勺儿，可以把手洗干净抓饭吃，可以用小碗舀大碗里的饭，可以把饭倒在饭盒盖上，直接用嘴咬着吃……

另外，还有许多“怎么办”的问题。例如，钥匙锁在屋里怎么办、作业不会做怎么办等。这些问答式的发散思维训练，可以随时进行，内容十分广泛。关键是家长要引导，家长是砖，引出孩子这个玉，千万别让孩子觉得家长早就知道，是考我来的，从而失去了训练的意义。

家长是比孩子能，要能在引导上。家长也是一块砖，让孩子“踩”着你走过去。

逆向思维

创新精神的培养，如同品德的培养一样，取决于家长行为的影响。我们在对女儿的教育中常有一些反常规的做法，女儿就具备了“出格”的行动，不随大流、不从众。

家庭教育的实质，就是家庭的全部生活。父母是一块巨大的岩石，孩子就是岩石上的浮雕，是不能和岩石剥离的。

创新精神的培养，如同品德的培养一样，取决于家长行为的影响。我们在对女儿的教育中常有一些反常规的做法，女儿就具备了“出格”的行动，不随大流、不从众。

“出格”就是反叛，想想我们自己，谁没有过“出格”？谁没有过反叛的念头？反叛是对思维定式的挣脱，反叛是对清规戒律的突破，反叛是对人云亦云的挑战。

我们是这样做的——

1. 床单是铺床的，我们却一人抓住两个角，让女儿坐或躺在里面，当做荡床摇来荡去。帮女儿用床单在屋里搭个帐篷，让她“住”进去。

2. 越是下雨越到游泳池游泳；大雪纷飞偏到公园里去追跑打闹；大风乍起，顶着风，任凭它狂吹；夏天下雨，不穿雨衣不打伞，在雨中走一走，浇个落汤鸡，回家再洗个热水澡。

3. 都说虫咬人，我们偏让她把爬山虎上的大豆虫放在手心玩，而且一手抓着两三条，带回家喂邻居大娘养的鸡。

4. 玩走迷宫按图中的要求先顺着走，然后从出口倒着走，或都干脆把图倒个个儿，可以从外往里走，也可以从里往外走。其实就是想让孩子对逆向思维有感性认识。

5. 这次吃西瓜横着切，下次吃西瓜竖着切；苹果也是一样，目的就是让孩子看看不同角度不同效果。横着切菠萝都见过，竖着是什么样？橘子都是一瓣一瓣地吃，整个橘子横着来一刀，让孩子看看再吃更好。

6. 玩滑梯只要保证安全可以各种姿势滑下来。在没有人玩的时候，可以从滑道爬上去。鼓励孩子广泛地体验各种体育活动：游泳、滑冰、滑旱冰、踢足球、打乒乓、武术、散打。女儿15岁那年，我给她买了一套中国式摔跤衣，售货员对我大为不解，说：“我们一年也没卖出去一套。”

7. 11岁那年，她们同班几个同学成立了“AC马赛红星”足球队，我们用白漆给女儿把队名写在球衣上，她就穿着去上学。她们还翻阅英文词典，给英国球星莱茵克尔写了一封信。莱茵克尔球迷俱乐部给她们回信了，她们又查词典翻译交多少英镑可以吸收她们做会员，信中还说可以寄给她们球票，还有莱茵克尔的签名照。

8. 小学看图写话有一段“小燕子”：就是一只小燕子从窝里掉下来，一只大花猫要吃它，一位小姑娘救了小燕子。我们告诉女儿，大家都用第二人称来写，只有和别人不一样，才有特色。她就这样写：“我是一只快乐的小燕子……”果然和全班每一位同学的都不一样。

老师讲《狐假虎威》，总结寓意说这则寓言讽刺了那些借别人的势力吓唬他人的人。女儿说：“这则寓言赞美了狐狸在生死关头用自己的智慧战胜了凶恶的老虎。”读《芭蕉扇》时她说：“孙悟空火眼金睛怎么会看不出猪八戒是牛魔王变的，书写错了。”她是不愿孙悟空的形象受损。

9. 手工课老师教剪双喜字。基本折法、剪法掌握之后，我们不会让女儿复制老师教的样子，而一定要有新的变化。把喜字下边的口剪成心形，在双喜字横的连接处剪个小心形，让它们心连心、手拉手。每一次手工制作，都要做到与老师有所不同、与同学有所不同。

10. 女儿很少丢钥匙。读大一时丢过一次，把她急坏了。她把自行车和宿舍的备用钥匙串在皮鞋的拉链上，一个颜色一把，别人看着都觉得可笑。女儿说：“反正我每天得穿鞋，反正我用着方便。”

有行动的出格，才能有思维的出格。

同事王老师的女儿大概三四岁了，王老师要求女儿规规矩矩。听了我女儿出格的故事，她前几天带女儿去麦当劳，女儿不愿让妈妈拉着走楼梯中间，偏要抓住支撑栏杆的支棍走，王老师不管她了，女儿非常自如地自己上了楼。王老师的女儿是出格吗？孩子就是孩子，孩子好奇好动。千万别把孩子管成“小大人”。“格”是家长给孩子硬定的，孩子的本性就是要走出家长硬定的“格”。

家庭就是科研所

每个孩子都是研究生，都是“科技工作者”。

参加研究生开学典礼后，女儿骑了四十多分钟自行车回到家，进门就兴冲冲地说：“今天开学典礼，侯校长说我们是‘未来的科技工作者’——‘科技工作者’啊！”“科技工作者”令她如此激动，激动了一路，也激动了我们。我们回想起女儿的几次“科研”。

我家住处紧靠着一条铁道，每天都有为热电厂运煤的火车经过，偶尔也有运圆木、运粮食的火车。铁道的一边是马路，另一边是居民的围墙，墙根儿、铁道边儿长满各种各样的野草。放了暑假的孩子们，常在铁道的边儿上钓蜻蜓、捉蟋蟀。在当时，铁道边儿是这一带唯一的一块“绿洲”。

女儿七八岁时采集铁道边的野草做标本。有一些我们能叫上名字，灰灰菜、狗尾草等，还有许多就不知道了，有的像丝一样，还有的藤上全是刺，偶尔还会看到玉米、小麦。“那么多种类的野草是怎么来的呢？”女儿提出了问题。

铁道远离农村，几乎是在大都市的中心区了。是啊，怎么会有那么多种类的野草呢?

研究的“课题”确定了。女儿就开始分析、调查,很快找到以下几个原因:

1. 原来一直就有的。据老人说这是一条20世纪30年代修的铁路，当时这是一片田地，本来就有野草。

2. 翻修铁道边的路时，从农村运来许多黄土，黄土中就有芦苇根，也有野草，野草会散落到铁道边儿。

3. 路边有早栽的大树，大树的周围几乎没有草，可是新栽的树下，都有草长出。栽树的黄土也是从农村运来的，里面有草子儿。

4. 火车主要是给热电厂送煤，也可能从山中带来草子儿。另外，火车常给铁路木材厂运圆木，圆木都带着树皮，是从森林里运来的，肯定会带来一些草子。尤其是火车常停下来，落下草子儿的机会就更多了。

5. 附近有一座粮食仓库。火车卸了粮食，常把空车厢停到铁道上。很多养鸡、养鸽子的人就爬上去扫车厢散落的小麦、玉米、高粱、大豆。所以铁道边也会长了这些农作物。

一连几天，我们和女儿一起沿着这段铁路调查、思考，归纳出这五个原因。女儿说：“咱这也有鸟，也有可能是鸟衔来的种子，书上有这么写的。”“也可能大风吹来的，对过大娘家屋顶的青草，当初就是风吹来的种子。”她妈妈补充说。

铁道边儿野草来历之谜，被我们破解了。女儿发现了问题，我们非常重视她的发现，女儿在前边探索，我们适当点拨，经历了一次研究性学习的全过程。知识只有在探索中才更具生命力，科学只有在探索中才能植根于孩子的心中。

10岁那年，她经过观察写了一篇《一个10岁女孩在大气污染中》的调查报告。她归纳了这么几条：

1. 热电厂一排燃煤的大烟囱不但冒黑烟还冒黑烟沙。院里要是有人喊："下灰了！"大家都从屋里跑出来收拾自家晒的衣服。

2. 姥姥家就住在钢厂房边，那个大烟囱天天冒黄烟。仅有的公园旁有一个硫酸场，硫酸的气味把公园靠硫酸场一侧的树木都熏黑、熏死了。

3. 院里每家一个煤炉子，每天得点火做饭，仅点炉子那一阵儿，就得把门窗关严。

4. 来家里串门的大人有吸烟的。

她的调查报告，在全班作为样板，老师特别赞赏。这些题目就是开放性的，没有标准答案的，孩子需要去主动研究，自己寻找答案。这和培养研究生完全一样。老师出题，事先知道答案，学生答对了，就得到学士学位；老师出题，事先不知道答案，学生自己研究寻找答案，通过专家评议，合格了，就得到硕士或博士学位；自己找题，自己研究找到答案，就是博士后研究。

每个孩子都是研究生，都是"科技工作者"。

例如：为什么单位的围墙或铁栏杆，隔一段要有一个垛子？为什么铝壶底有一道道凹凸的圆槽？你知道几种昆虫的"迷彩服"？你见过的图书封面有几种类型？太多了，让孩子自己找题目会更多！

有了"课题"就开始研究吧！一个家庭就是一个科研所。

问开放性的问题

家长要问开放性的问题。我们的责任是：想方设法激发孩子自己去思考。

哲学家说：内因是变化的根据，外因是变化的条件。教育家说：学习是学生自己发现的过程。我说：家长知道自己不能替代孩子吃饭，更应该知道不能替代孩子思考。

女儿七八岁时，同院的三哥给了她一只蜻蜓。我用线把蜻蜓拴在棍上，让她玩儿。举着蜻蜓跑累了，回到屋里，蜻蜓也飞不动了，在棍上落着。

“你的蜻蜓长得什么样？”我问。“两只大眼睛，身体前边大，后边细长，两对翅膀。”“翅膀是什么样啊？”“长形的，边上有点圆儿，薄极了，透明的，上边还有花纹呢！”“是吗？什么样的花纹？”“像渔网一样，靠翅膀前的小，像圆形、六角形。靠后边的大，长圆形，像香蕉饼干。”我放下手里的活儿，和她一起观察，把放大镜递给女儿。这下，看得更清楚了。“为什么会有花纹呢？”我让女儿摸摸，她说：“花纹像树叶反面的叶脉。”我举着一张白纸，使劲儿晃晃，说：“这要是翅膀就太软了。它和翅膀有什么不同呢？“没花纹。有‘叶脉’就行了。”“对呀！”我又拿来一张卡片，剪成长短条，照着蜻蜓的翅膀花纹大概那么一贴再晃动，就不软了。女儿说：“花纹就是蜻蜓翅膀里的‘骨头’。”不要图省事，急于把答案告诉孩子，引导孩子自己去观察，去思考。并告诉孩子，这只是她的初步结果，如果深入研究，还会有更好的发现。

几天后，我想起一个小实验，就做给女儿看。把一张白纸像折叠扇一样反复折，架在两个茶杯上，又把一张白纸条也架在两个茶杯上。我给女儿一个锁头，说：“同样大小的一张纸，你看哪张不怕压。”女儿把锁头放在折纸上，说：“这个不怕压。”

“为什么呢？”

“因为你折了。”

“对，想一想和蜻蜓翅膀有关系吗？”

我把折纸拉开一点儿。“跟翅膀的‘筋’一样。”女儿有了新的发现。当然，由于知识的局限，她也只能想到这儿。对待孩子的回答，我只鼓励，不纠错。大声赞扬她的每一步思考，不能形成孩子只关心家长期望的答案。有一次我问女儿：“蚊子为什么不像蚂蚱那么大？”女儿说：“它就是那么大嘛！”

问得没学问。我改问道：“假如蚊子像蚂蚱那么大怎样呢？”女儿说：“早就把它逮住了，打死了。”“太棒了，蚊子这么小肯定对它有利了？”“它能从门缝钻进来；它落在你身上你感觉不到；你打它，它飞得高；有个地方就能藏……”

换一种问法，孩子就好思考，会找出好多答案。

家长要问开放性问题，开放性问题答案不止一个。一种问法不行，可以换个角度再问。还可以用一用反问。

例如，女儿问我：“小孩儿为什么爱往墙上画？”我说：“对呀！你说说往墙上画，他们觉得怎么好玩呢？”这样一反问，她会自己想、自己说，变被动接受为主动探索。

实践证明，这样做可以更好地开发孩子的智慧潜力；可以增加孩子探求知识活动的主动性，因为她自己得到发现的成功；可以积累探索、思考的经验；可以加强孩子的记忆。

我们的责任是：想方设法激发孩子自己去思考。

废物多利用

生活中有许多废物新用、一物多用的例子，应多让孩子看，让孩子做，有利于打破物体功能的思维定势。

女儿上初二那年夏天，一天放学匆匆回到家，拿起一只玻璃杯，倒上果珍，用少量热水冲开，然后从冰箱拿一杯冰水，咕嘟咕嘟往杯里倒。只听“啪”地一声，玻璃杯炸了。

“怎么啦？怎么啦？”我和她妈妈几乎同时跑到女儿面前。女儿举着一只空杯，整个儿杯底齐刷刷地掉了。“没事，没事，没扎着就好。”她妈妈安慰着女儿。我捡起杯底儿，接过杯壁，叫女儿仔细看，“为什么从杯底儿齐刷刷地断开呢？”“肯定是‘热胀冷缩’。”女儿说。“对啊！为什么‘杯壁’没炸碎呢？”那是一种黄色拉花的高杯，底儿很厚，我们测量一下，有 1 厘米，壁很薄，有 2 毫米。

我让女儿分别掂掂杯底儿和杯壁，一个重一个轻。又拿出与炸了的杯完全相同的两个杯，一个斟满热水，一个斟满冷水，让女儿摸。然后把水倒掉，再摸。

一个杯底儿热，一个杯底凉。“为什么杯壁不热底还热？”

“我明白了！”女儿兴奋地说：“杯底儿厚，散热慢，杯壁薄散热快。刚才我倒了少量的热水，杯底膨胀了，又猛地倒冰水杯壁马上收缩。两个力一个往外，一个向里，就齐刷刷地在杯的根部断开了。”

“好闺女，咱家有的是玻璃杯，慢慢炸吧！”高兴得我不知道说什么好了。

失败不是坏事，从中有所发现，有所领悟，碎一个杯，碎两个杯也值啊！

有一天晚上，我们忘了把喂养小白兔的筐搬到屋里。一只小兔的腿让黄鼠狼咬断了。我们赶紧给小白兔包扎好，看着白兔流血，女儿很难过。

第二天我从学校借来生物老师用的家兔解剖挂图，挂在门上，给女儿讲家兔的内脏、骨骼等知识，到我家串门的人吓一跳：“好嘛，你们把解剖图当画贴！”一句话提醒了我，学校里找得到的动植物解剖图，我全借来在家里挂过。

女儿玩的“小熊照相”坏了，“小汽车”坏了，“发水枪”坏了，我们从来不把玩坏的玩具随手一扔，而是让女儿把它拆了，小零件又成了新的小玩具，过一段时间，实在没用了，女儿同意后，才把它们扔了。

坏了的玩具别扔，让孩子拆了它，拆的过程中又能动手又能动脑。

春节前，要淘汰一批鞋袜，我在一个盆里盛半盆清水，是防火用的。然后把线袜子剪一块，尼龙袜剪一块，牛皮鞋剪一块，人造革鞋剪一块，分别用另一个空盆接着，点燃后让女儿逐一闻味道，看灰烬。

这就是一次小实验，不一定非得让孩子知道为什么，知道不同材料燃烧后气味不同，灰烬不同就可以了。

把废弃物作为材料，还可以制作出新的东西。例如，找一张硬纸作底盘，把不同形状的小纸盒当做楼房粘在上面，再找一些很小的塑料瓶也粘上，创造一座花园小区。也可以在桌上，在地上，像玩积木一样摆出个小区，只要是废物都可利用。

生活中有许多废物新用、一物多用的例子，应多让孩子看，让孩子做，有利于打破物体功能的思维定势。

从失误中去发现，失误变成顿悟；在弃物上去思考，弃物变成领悟。

少对孩子说不

孩子获得知识的渠道很多，不一定都是父母教的，家长要耐心听、认真想，不要轻易对孩子说“不”，错的，往往是我们自己。

“铲流氓的车来啦！”女儿指着公路上的一辆铲车兴奋地说，“咱们好几天没看见‘铲流氓’了。”

铲车就是那种装砂石、装煤的装载车，车前有一个大斗可以抬升。我怎么也想不出它和“流氓”有什么关系，孩子总是有他们自己的道理。

“你在哪看见它铲流氓啦？”

“电视里演过。”

对啊，当时有个电视剧《现在正是早晨》，其中有这样一个场面：一个留着“大鬓角”（那时人们都称这种人“流氓”）的落后男青年，工作时间躺在铲车斗里盖着稻草睡大觉，一位女青年开动铲车把男青年铲起来。女儿看到这儿一阵欢笑。

女儿 2 岁那年，到她伯父家玩，忽然指着柜橱嚷：“熊猫，熊猫，我要熊猫。”大家全纳闷儿，柜里有苹果、乒乓球、茶叶盒和玻璃杯。拿苹果，她说不是，玻璃杯也看不出有熊猫的图案。她究竟要什么呢?

柜中的茶盘里有两盒薄荷冰，一个粉红色，一个绿色，塑料外壳像口红盒一样，是小玉米形状的。我忽然明白了：“她要的是薄荷冰。”

女儿高兴地玩着薄荷冰，不住地说：“熊猫，熊猫。”大家都觉得奇怪。

原来有几次我带她到文具店，那摆有熊猫头的短粗的钢笔，笔杆和薄荷冰盒形态差不多。每次她都吵着要熊猫钢笔，她不知道是“钢笔”，只知道是“熊猫”。

孩子所想、所说，都是他们观察、思维的结果。由于身心发育的局限，他们常常表达不清。一些家长往往还没弄清孩子说的是什么，为什么这么说，就马上简单地给予否定。

久而久之，孩子必然产生困惑：我怎么又错了？父母是对的，事实也是对的，到底错在哪儿呢？孩子失去表达的热情，失去思维的快乐，也失去与父母交流的兴趣。对于处在思维发展关键期的孩子，智力资源的巨大损失是无法弥补的。不能说是“为了纠正她的错误”，而是“为了完善她的认知”，我带她到建筑工地，让她看铲车装载砂石；买了一支“熊猫”钢笔，拧开让她玩，让她写、画。

我也有过不少说“不”的教训。

她三四岁时，画了一幅画儿：用蜡笔点了一些点子，说是雪花，树干上有圆孔，说是松鼠在洞里冬眠，还在树底下画了五分硬币大的圆形，上面由里到外画上一圈一圈的。最外圈和靠外圈之间画了两道横线，她说是蜗牛。

我说："这准是蜗牛壳的开口，画一道横线就行，画两道就不对了。"

"蜗牛的屋子就是有两层门。"女儿非常任性。

我太清楚了，蜗牛不就是缩在壳里，或者从壳里钻出来，谁没见过！"童话是童话，真事是真事，蜗牛没有门更没有两层门。"

正是冬天，我真恨不得找个蜗牛说服她。

"门口砖缝里就有。"女儿领着我找到几只蜗牛。外壳出口上果然有一层薄膜，捅破后，里面还有一层。这就是女儿说的两层门，是蜗牛越冬的办法。"前些天，我们过家家玩，蜗牛不钻出来，我们捅破了看见的。"

孩子获得知识的渠道很多，不一定都是父母教的，家长要耐心听、认真想，不要轻易对孩子说"不"，错的，往往是我们自己。

多能干的小手啊

孩子动手就是探索，就是尝试，就是创新。每个孩子都有与生俱来的动手的愿望。动手的能力是在愿望之花开放后结的果。女儿每一次动手的愿望，我们都会帮她实现。

"我赚了好多贺年卡！"女儿从书包里拿出一摞精致的贺卡，一张一张指给我们看："这张是立体的，这张是音乐的，这张是金纸镂空的……"

从小学一年级到高中毕业的 9 年中，女儿都是自己动手做贺卡赠送给同学，"赚"回同学购买的贺卡美滋滋地欣赏。

买贺卡的钱，我们还是有的，但女儿全是自己动手做。最初是在图画纸上画好画，贴在从种种纸盒上裁下的硬纸板上。后来就积攒一些白硬纸卡片，像垫衬衣的白板纸，印刷厂的边角料等，可以直接往上画，档次也提高了。

平时的旧画册，全都留着，元旦前、春节前拿出来，女儿剪下美丽的图案，贴在自己画的贺年卡上，显得更有新意。

看到市场上卖豆雕挂画，她就让我们到市场上买来各种豆子。没想到豆子本身就是艺术品，什么样儿的都有。再买一瓶乳胶，一把镊子，她就选各样的豆子，在纸板上贴出"三个和尚""民族娃娃""可爱的熊猫"……又添上几笔彩色的画儿，写上祝词，非常受同学们的欢迎。

后来，也能做出立体的。什么花生皮，开心果壳，葵花子皮，甚至碎花布，她都要用上，式样越来越多，常让收到贺卡的同学们意想不到。

孩子动手就是探索，就是尝试，就是创新。每个孩子都有与生俱来的动手的愿望。动手的能力是在愿望之花开放后结的果。女儿每一次动手的愿望，我们都会帮她实现。

我们包饺子，她过来要"掺和掺和"，就给她一团面，让她随意怎么包、怎么玩。还把她包的里面都有馅的饺子（其实跟面疙瘩一样）也下锅里一起煮。

她妈妈用缝纫机做衣服，她也要给娃娃做裙子，那么就让女儿选花布，出样子，自己动手缝。做成后和类人猿穿的树叶裙差不多，不过也挺好看。她还给娃娃做个头巾，钉扣子，绣花，手被扎破好几次。

我们不会因为忙而嫌孩子烦，如果拒绝她动手的愿望，就是封杀她创新的渴望，如果不给她动手，而且是大胆动手的机会，孩子的创新能力就会萎缩。

我们还主动地激发孩子动手的愿望。例如，捡几片杨树叶，贴出几只威风凛凛的“雄狮”。画几个几何图形，让女儿先想象什么，再动手添几笔，成为新图像。

我们经常玩的游戏是“挑棒”。几十支红黄蓝绿的塑料棒，把它们攥在一起，撒到桌子上，这些彩棒互相压着，别着，然后在不能触动其他棒的条件下，看谁拿得多。

游戏虽小，但是很刺激，每次胜利都是小心翼翼取得的。有时自认为观察得很仔细，或者连续拿起几根之后，稍有不慎就触动了另一根。

我们小时候的许多类似游戏，都培养了勇敢的精神、动手的能力，发展了自信。只是我们把培养创新能力的游戏淡忘了，或者至今没有认识到从小动手对我们能力发展的重要意义。

最难忘的是童年，童年里的游戏，游戏中自己的主动参与，参与中自己动手的成功。

有一次，我看见同事的女儿在校园玩，已经是秋天，蜗牛也冬眠了，她捡了几只蜗牛，想把它们放到水里，可是没有盛水的东西。她就捡了一片树叶，卷起树叶接了些水。她还用一根包装用的尼龙绳，把地上的花瓣串起来，做成一朵“真花”。每个孩子都有动手能力，每个孩子都能够创新。

多亲亲孩子的小手吧，多能干的手啊！

“捡破烂”的自由

家长是培养孩子良好个性的特级老师，家庭是培养孩子良好个性的最佳场所。孩子只有在家里才能得到更多自由支配的时间和空间。

当前的教育太强调统一性，太注重整体性，按照分数的唯一标准，培养出的都是“一二一”齐步走的“好孩子”。请看看我们周围吧！孩子是各种各样的，问题是各种各样的，这是教育者与被教育者矛盾冲突的必然结果，个性如果不正确培养，它也会七扭八歪地钻出来。

差异才使世界千姿百态，而差异就是个性的不一样。家长是培养孩子良好个性的特级老师，家庭是培养孩子良好个性的最佳场所。孩子只有在家里才能得到更多自由支配的时间和空间。孩子在父母面前的心理安全感更强。心理学研究表明：创新能力与个体的个性关系密切，我以为独立自强的性格是家长更应该也是更容易培养的。

很多孩子都要把捡到的“破烂儿”带回家，有的家长不让捡，嫌脏，怕脏了手，脏了衣服，当场呵斥孩子。还有的看到孩子捡回的“破烂儿”，马上扔进垃圾筒。这种简单的做法，不仅仅破坏了孩子创新的能力，还有损孩子的人格发展。

孩子捡“破烂儿”，是孩子对美的发现，对美的创造。在外边玩时，女儿常捡回一些“破烂儿”：小螺母、小盒子、彩色塑料片、工厂的一些形状怪异的下脚料等。在保证女儿安全的前提下，我们给她一个盒子，让她把自己的“宝贝”放好。

一个小螺母，家里也许根本用不上，她捡来时也不是为了能用上，在她的眼里，它像是一块奇珍异宝，螺母变成她想象中的东西，已经完全不是父母眼中的螺母。这就是对螺母的再发现，对螺母意义的再创造。孩子的这种行为，司空见惯，时时发生，处处发生，这就是创新的行动。

千万不能真把“破烂儿”当“破烂儿”，尊重她捡回的“破烂儿”，就是支持她的发现行为。同时，也是对她人格的尊重。捡回“破烂儿”是她所喜欢的行为，“不准捡”，就是让她按家长的要求去做，失去了自己的主张，是对独立性的削弱，对孩子的不平等。当然了，我们很注意女儿的安全和卫生，一些碎玻璃什么的，在讲清楚以后帮她扔掉；捡回的东西，只要她想留下来，会帮她洗一洗。

能给孩子捡“破烂儿”的自由，就能给孩子独立行为的自由，就能拓展孩子个性发展的空间。

从故事中想创意

讲同事，讲朋友，讲亲友当中人们取得的成绩。由衷地赞颂孩子的每一位老师，让孩子信赖老师，崇敬老师。女儿所有的学习榜样都是她身边的人。

孩子们都爱听故事，家长应当选择什么故事给他们讲呢?

1. 适当的时候，给孩子多讲几个思辨性强的故事，能引发思考的故事。我国的许多成语故事都是辩证的，阿凡提的故事也都充满哲理的智慧。此类故事讲得多了，孩子就能听出其中的道理，掌握思考的方法。

2. 讲一些动脑筋的小故事。书店有一些关于破案的童话故事，故事情节简单有趣，而且是让小读者自己当探长、自己先分析案情、推断结果，书上有结果，但孩子也可以认定自己的理由。总之，能让孩子自己寻找答案的故事要多讲。

3. 家长看到的能引起思考的故事，书上的，电视上的，报纸上的，身边发生的，都可以给孩子讲。有这么一个故事：父亲和女儿到一位叔叔家做客，叔叔给他们各倒了一杯水，把暖瓶放到地板上就急忙去屋里拿糖，那暖瓶正放在地板的隆起处，暖瓶一下子就摔碎了，在屋里的叔叔说：“不要紧，不要紧，反正暖瓶也该换了。”爸爸想解释，却没说出来，一边帮助拾掇一边说："你看看，你看看……"回家的路上女儿埋怨爸爸为什么不实话实说，爸爸说："有些事，不说明白倒好……"这类故事答案不是一个，可以引发孩子的讨论。

4. 讲科学家的故事，重在讲他们的科学精神，而不是他们取得的科学成就。科学和结果都是发展的，变化的，知识的本质在于它的不确定性，科学的发展都是对以往科学发现的否定，所以讲科学家的科学精神更重要。我们主要强调怀疑精神，勇敢精神，不随大流，独树一帜的精神。再有就是科学家忘我的故事。

5. 讲同事，讲朋友，讲亲友当中人们取得的成绩。成绩的内涵太广了，工作的某一点成功，克服某一个困难，做成一件事等都是成功，让孩子把周围认识的人，熟悉的人当成榜样。由衷地赞颂孩子的每一位老师，让孩子信赖老师，崇敬老师。

女儿从小就把每一位老师当做自己的榜样。上大学时，到家就说老师怎么怎么好，"我要做刘老师这样的教授"，"我要像系主任一样"，"我要做院长这样的人"。女儿所有的学习榜样都是她身边的人。

6. 多讲笑话。幽默是睿智的表现。开始，由于孩子生活积累、知识积累的局限，有的笑话、漫画、孩子不会觉得可笑，因为他们没有发现笑话的矛盾之处，没有感悟到笑话中的智慧。可以循序渐进地给孩子讲一些，讲慢一点，让她充分理解，讲多了，孩子的思维就敏捷了，会由小笑到中笑、由中笑到大笑。笑，是思维的火花。

家长若能强化自己的创新意识，就能发掘故事中培养创造力的资源。

孩子都是故事大王

除了我们编，我们还鼓励女儿编。怎么编都行，接着我们编的往下编也行，把读过的故事情节编过来也行，幼儿园的事，学校的事，家里的事全都能编进来，爸爸、妈妈、老师、同学都可成为故事中的人物。

在对女儿的教育中，我留下许多遗憾，其中之一，就是没把女儿编的故事记下来，不然的话，足够出一本女儿的童话集。写童话、编故事，每一个孩子都能做到。在孩子的眼里，什么都是活的，能哭的、能笑的，给物品赋予了人的感情，讲出来就是童话，记下来就是童话书。童话，是每个人生命的必然经历，有思维就有童话。

女儿编故事最得意的是两个阶段：一个是在幼儿园中班，平时课上老师让她给小朋友讲故事，讲得多了，小朋友说都听过，她就开始编，老师说编也行。把小伙伴也编进故事中，一起上天入地、一起探险寻宝、一起斩妖杀怪，课上讲完了还不行，中午该午睡了，小朋友追着她到厕所里接着讲。

再一个是上了初中以后，同学们中午在一起吃饭，开始只是讲她看过的书，后来也开始编，还尽编一些同学们欢迎的恐怖故事，而且都是长篇的，主人公不变，一天讲一段，随讲随忘，往往是一开讲先问同学："昨天咱们讲到哪啦？"

女儿在小学二年级时，获得天津市讲故事比赛二等奖，还到北京看望了儿童教育家孙敬修老爷爷。

我们常给女儿编故事，书上听了多遍、看了多遍，她追着我们讲。我们就给她编："我拧开水笼头，怎么没水？正奇怪就听'哗'地一声，水一下子冲出来，刚才好像有什么东西堵着了。怎么回事？'好疼啊，好疼啊。'是谁在说话？地上有个蚕豆大的东西在动，我走近一看，差点惊呆了……"一开头，故事就没完没了地编下去。

除了我们编，我们还鼓励女儿编。怎么编都行，接着我们编的往下编也行，把读过的故事情节编过来也行，幼儿园里的事，学校里的事，家里的事全都能编进来，爸爸、妈妈、老师、同学都可成为故事中的人物。

有时她的思路卡住了，我们就一起编。你一个情节、他一个主意，故事越编越长。

另外，我们也编短小的故事，对培养创新思维能力很有作用。在饭桌上随便摆几样不相关的东西，例如一个小红塑料桶，一块橡皮，一块手表，一个枕头，就开始编故事。把枕头按得坑洼不平，既有"山"，又有"谷"，还有"河"，塑料桶，橡皮开始探险，寻找一块改变时间、空间的神奇手表。有时故事不一定很完整，有人物，有大概意思就行，编得越奇特越好。

给孩子编故事，让孩子编故事，和孩子一起编故事可以激发想象，丰富词汇，抒发情感，训练思维，可以让孩子变成一个"故事大王"。

家长别太能耐了

家长太能了，孩子不敢发现，不敢提问，没有家长不懂的，孩子就没有了发现的喜悦感，甚至对孩子的发现又指出许多不是，就像孩子在草丛中要探索出一条小路，家长马上开来推土机，抢在孩子面前铲出一条平坦大道。

我有一些教师朋友，孩子已经高中毕业，或者中职、中专毕业，他们至今还在为孩子没能考上大学而遗憾。其实，走一步说一步，成人高自考、成人高等教育，职业技术教育，照样出人才。再说我们每个人都已经自觉不自觉地进行着终身学习，适应社会的发展。为了更好地生存，都得学习，都在学习。

问题是谁都愿意自己的孩子能考上北大、清华、复旦……而且职业是教师、医生、公务员等学历较高的家长，对孩子的期望值更高一些。假设我们仅以能否考上普通大学为衡量孩子的一个标准，仔细分析一下那些有知识有学历的家长失败的原因，会对我们开展正确的家庭教育极为有益。

一些具有高学历家长的孩子没考上大学，仅就家庭教育的因素而言，其中之一，就是家长太能了，孩子多努力，也超不过家长的水平。孩子的创新能力常常蕴藏于孩子的个性之中，而良好个性的形成又依赖于独立性。

那些家庭起初控制得极严格、极规范，很少给孩子独立的机会。然而，人的个性如同一颗种子，落地就要发芽、就要成长，碎砖烂瓦底下、高山岩石缝中，生命是压制不了的，个性是控制不住的，你不让它直立着长，它就长得奇形怪状，奇形怪状也是张扬生命的状态。

唯一正确的办法，是按照孩子自身发展的规律，用科学的方法，培养良好的个性。

高学历的家长朋友说，我们就是这么长起来的，我们就是这么成功的。高学历就意味着成功吗？你是全盘按照家长的意图成长的吗？你不也是在不断进行调整吗？再说，现在是一个崭新的、与我们小时候完全不同的世界。

家长太能了，孩子不敢发现，不敢提问，没有家长不懂的，孩子就没有了发现的喜悦感，甚至对孩子的发现又指出许多不是，就像孩子在草丛中要探索出一条小路，家长马上开来推土机，抢在孩子面前铲出一条平坦大道。烦不烦？腻不腻？哪里是给孩子开路，分明是铲掉孩子独立的萌芽。

我曾建议一位青年教师朋友，让她研究一下周围老师的孩子没有考上高中、没有考上大学的原因。从中最能看清什么是应试教育，从中最能看清失败的家庭教育对孩子个性的压抑、扭曲；更能看出个性的顽强，更能看出创新的渴望。

太能了的家长会让孩子无能。

珍视孩子的提问

重视、保护、激励孩子发现问题、提出问题的能力，这种能力就能更好地发展。孩子的提问就孩子而言都是他们的发现，其价值与科学家的发现没有本质的区别。

“有多少问题你回答不上来？”女儿已经十岁多了，还时常记起她把我问住的情景。因为我答不上来，她很高兴，高兴中增强了她的自信。她得到考住大人的成功，她得到“小孩子不懂大人也不懂”的平等，在平等中，她得到的是独立精神，她得到的是发现的快乐。

我翻阅20年前的笔记，找出几个她当时给我提出的问题，有些问题我至今仍不懂，连已经做博士后的她也说不清，但这并不妨碍她在所研究的领域中有所发现，甚至今天她的科研论文中，就有当年提问的继续。英国科学哲学家波普尔认为：“科学和知识的增长永远始于问题，终于问题——越来越深化的问题，越来越能启发新问题的问题。”

孩子自由自在地提出问题，是浇灌好奇心之水，提的问题越多，好奇心向求异精神发展得越快，最终长成一棵根深叶茂的创造之树。

类似以下这些问题，您的孩子肯定会问过：①4是双数，10也是双数，为什么4平均分开是双数，而10平均分开是单数？②鱼为什么在水里游？

③葡萄为什么先长叶后结果？④人老了为什么要拄拐棍儿？⑤小孩子为什么爱往墙上画？⑥下雨天为什么会凉？⑦油为什么浮在水面不化？⑧苹果为什么一面红一面绿？⑨猴子为什么不冬眠？⑩马蹄子为什么比驴蹄子大？

孩子都能提出问题，随时随地，孩子看到的新现象都会引起他们的注意，他们会看会想，弄不懂就要问。这是强烈的好奇心在起作用。提出问题就是发展观察力，思维力是创新的开始。有一个阶段，她提出的所有问题，我们都专门记在笔记中，虽然有很多解答不了，但是我们常夸奖她说：“女儿今天又发现了一个问题。这不成了科学家了吗？”重视、保护、激励孩子发现问题、提出问题的能力，这种能力就能更好地发展。

在回答孩子的问题时，一般我们都是先肯定，再共同研究。大声赞美孩子的发现，然后引导她自己思考，你是怎么想的？让孩子主动思考，而不是等现成的答案。最后和孩子一起讨论，而且会这样说：我想有可能是什么原因。不要说死，给孩子留下以后观察、以后思考的余地，有不少问题，追根问底，家长答不上来，不要紧，很正常。爱因斯坦说：“发现问题和系统阐述问题可能要比得到答案更为重要。解答可能仅仅是数学或实验技能问题，而提出新问题，新的可能性，从新的角度去考虑老问题，则要求创造性的想象，而且标志着科学的真正进行。”

孩子都能提出问题，提出问题的孩子是聪明的孩子，聪明是因为好奇，好奇是孩子的天性。家长如何对待孩子的提问，决定了孩子能否继续他的聪明。有五种对待孩子问题的态度不可取。

一是马上找到自认为天经地义的标准答案，急于告诉孩子，忽视孩子自己探索的过程，忽视孩子主动思考的过程，忽视孩子与人合作研究的过程。这样容易让孩子形成万事都有现成答案的印象，形成以家长为权威、以答案为中心的思维定式。

二是家长在没有答案时，自编出含糊不清的答案给孩子。没有确切答案，是因为问题都是开放的，可讨论、可研究的，模棱两可、似是而非的答案害孩子更深。

三是当孩子刨根问底时，例如“小燕子是怎么来的？”“小燕子它妈妈生的。”“小燕子它妈妈怎么来的？”“小燕子它姥姥生的。”……家长正在忙，或者正想休息，让孩子问急了，不耐烦地训斥孩子，或者赶紧转移方向，设法回避孩子的问题。

四是最常见的，家长回答不上来时，就是：“等你长大了就知道了。”孩子就不再问了。等到自己长大了，就什么都懂了，孩子的问题意识被弱化，更谈不上求异精神、怀疑精神的培养了。

五是对孩子的提问感到天真可笑，孩子的提问就孩子而言都是他们的发现，其价值与科学家的发现没有本质的区别。都是认真的、科学的问题，家长觉得“好玩”“天真”，甚至爱昵地说：“傻孩子，瞧你问的傻问题。”孩子会有被嘲笑之感。尽管家长并无恶意，而孩子的感觉是不愉快的，不利于发现问题的自信心的增加。对孩子的每次提问，都要珍视、爱护、激励，而不应忽视、抑制、指责。

“过家家”意义大

我们经常被拉去成为女儿“过家家”中的角色，有时还主动要求加入女儿的“过家家”中去。假日里，我们就请亲友的孩子们到我家，和女儿一起玩“过家家”。人多了，玩的内容丰富，大家你一言我一语，更有创造性。

没有一场足球比赛是相同的，足球比赛是直接的创新活动。戏剧表演也是，演员要把文学中的形象，通过理解、想象，创造成舞台上的形象。从文字到表演就是直接的创造，“过家家”就是孩子们最喜欢、最经常、最直接的创造活动。我们和孩子们的创造力，很多来自“过家家”。

表面上看，“过家家”是生活的翻版。其实，每一个细节都是创造。我们也和其他家庭一样，经常和孩子玩“过家家”。

首先，要玩什么，孩子要确定内容，确定内容就要回忆生活，回忆曾玩过的“过家家”，内容得有过程、有情节、有结果。尽管简单，孩子也要思考。

其次，我们要帮助孩子准备道具。“过家家”全是假装的，道具都得是代用品吧。找到代用品就是想象的结果，玩“看病打针”，圆珠笔、筷子都能成为“注射器”。

第三，没有代用品，就干脆用并不存在的东西代替。比如两个孩子玩，一个说："给你钱。"其实只是一个动作，另一个孩子接过来，做出数钱的动作，"谢谢，正好。"

第四，分配角色，创造角色。玩"商店"，就得有买的、有卖的；玩"上医院"就得有医生、有孩子、有父母；玩"坐汽车"就得有司机、售票员、乘客甲、乘客乙。分配好了角色，就得按角色进行扮演，扮演就是对角色的创造。"过家家"整个游戏都需要创造，培养着孩子的创造力。

我们经常被拉去成为女儿"过家家"中的角色。有时还主动要求加入女儿的"过家家"中去。假日里，我们就请亲友的孩子们到我家，和女儿一起玩"过家家"。人多了，玩的内容丰富，大家你一言我一语，更有创造性。

女儿时常自己一个人玩，她自言自语，一会演妈妈，一会扮孩子，玩得非常投入。有时我们看着忍不住笑出声来，她还不好意思呢。我们参与不进去，也会鼓励她："你的孩子也太能吃了吧？""别让你的孩子屙我们家一炕啊！"最好是别打扰，玩"过家家"时的一举一动、一言一行，孩子都是在创造，家长能做的是赞赏、羡慕。

类似"过家家"的表演活动还有许多，例如表演童话。家长和孩子分别扮演一个角色或两个角色，再做一些简单而夸张的化妆，爸爸顶个洗脸盆就成为"大灰狼"，女儿围上纱巾就是"小红帽"，妈妈扎上做饭的围裙就是"外婆"，一场童话剧《小红帽》就开演了。另外，还可以由一个人读故事，另外两个人按故事表演。

再如，表演哑剧也是孩子们非常喜欢的游戏。用道具也行，不用道具也行，可以按故事情节进行无声的表演，孩子自然会把动作加大，体验运用形体语言表达角色的情感。

有时，我们也确定一种职业，一个情景，让女儿用哑剧的形式表演出来。有时我们各自用哑剧动作表演一种职业，一种人物，让大家猜一猜。

对表演身边熟悉的人，女儿也非常有兴趣。我演她妈妈，她妈妈演我，女儿演我们，我们演女儿，演亲友，演亲友的孩子们。要演好就要抓人物的特点，没有创造力是演不好的。

电视为培养孩子的表演能力提供了新的途径。孩子都爱看电视，我们就玩模仿节目主持人、模仿歌星、模仿小品的游戏。此外，我们还把床单当做幕布，邀请几个小朋友，一年寒暑假中来一两次“大型演出”，“演出”前当然要发“通知”，让小朋友准备好自己的节目。“演出”后，还评选“优秀演员”“优秀节目”，激发女儿表演的热情。

另外，晚饭后，全家一起演木偶剧，又好玩又简单。随便什么东西都可以是“木偶”，随便什么活动都可以是剧情。反正是玩，是玩表演，是玩“过家家”。

“过家家”是孩子的权益，大人们还没有插手干预，是孩子们仅有的一块绿洲，家长不重视倒好，我生怕家长重视得过了分，把“过家家”成了家长开发孩子智力的功利场。如果家长不重视，也千万别去干预。

课堂中学创新

让孩子感到学习就是生活，学习就是生命，学习就是与时俱进，这就得靠家长的榜样的影响和在孩子全部生活当中的渗透，以及孩子在学习过程中的不断体验。

课上学习，是培养孩子创造性思维的主要途径。课上学习，是孩子知识积累的主要来源，但是，以不同的方式去学习，就会有截然不同的结果。一种是被动学习，使学习成为负担，最终孩子厌烦学习；另一种是主动学习，在学习中不断体验创造的快乐。怎样做才能使课上学习成为能力培养的过程呢?

首先是“想学”。要从小就开始培养孩子学习的兴趣和学习的责任，兴趣是最好的老师。孩子小时，可以以取得高分数、得到“小红花”等进行赞扬和激励。还应逐渐引导孩子把不会、不懂变成会、变为懂和快乐。女儿从小学到高中成绩总是保持在前十名之内，只是到大学才异军突起，一路领跑。肯定是大学教学如同学前教育一样，更有利于激发女儿的学习兴趣。她不止一次地对我们说：“你们没上过大学是不知道，知识太有趣啦！”家长不仅要为孩子取得好分数而高兴，更应为孩子每一次学会了而喝彩。

“想学”就是自己去学，为自己去学。一些孩子认为学习是为家长、为老师而学，意识不到自己的学习责任，不能主动地学习，更谈不上创新能力的培养了。让孩子感到学习就是生活，学习就是生命，学习就是与时俱进，这就得靠家长的榜样的影响和在孩子全部生活当中的渗透，以及孩子在学习过程中的不断体验。

其次是“能学”。个性表现在学习的独立性上，就是“我能学”。大家都坐在一个教室里上课，有老师讲课，但是对知识的接受仍然是个体的独立性行为。每个孩子的基础不一样，客观上存在着差异。家长要尊重孩子的差异，并创造机会，鼓励孩子独立学习，培养孩子独立学习的能力。独立学习能力的形成有一个发展过程，家长应耐心等待。

再次是“会学”。“会学”不仅仅是指学习的具体方法、步骤，更重要的是以问题为纽带的学习。没有问题，就不会有学习的动力，问题意识会激发孩子努力学习的行动。例如，在预习时，在听讲中要发现自己不懂的问题，学习的过程是追踪问题的全过程，女儿每天放学后，我们都会问她提出了什么问题，还有什么问题没解决。在运算时力求方法简便，一题多解；在作文时力求立意新、选材新。

家长一定要走出课上学习仅仅是知识积累的误区。课上专心致志地听讲，积极主动地思考，培养争强好胜的个性，与人合作的精神等，都是创新人才必备的品质。

轻视带来的后果

孩子们心灵冲动时的每句话，都是最美的诗。该记下来啊，一定要记下来。

女儿爱写周记，每星期写一篇。常常是老师阅后发下来，却找不到她的练笔本，原来是同学们在传着看。有一次3天后才发现在教室的讲台上。

我非常爱看女儿的周记，同事们也常借走给自己孩子看。可惜小学毕业的那个作文本，被语文老师借给她的同事，从此杳无音信。还有一个重要的练笔本，被某报社编辑传丢了，想起来我就别扭，这是多么珍贵的资料，不可弥补的损失。其余的所有作文，我都存入软盘，朋友们把它当做辅导孩子的范文。

三四岁时，女儿就能背许多儿歌、古诗。大约4岁时，一个秋日，我们带她在路边玩，看见枯黄的树叶纷纷落下，女儿突然说："爸爸，我要做一首诗——树叶绿、树叶黄，树叶长树上，树叶落树下。"这叫什么诗呀！一点儿也不押韵。我告诉她什么是诗，有一天晚上停电，点上蜡烛，女儿说："蜡烛啊蜡烛，你照亮了屋子，自己却牺牲了。"并且一再提醒我说："你给我记下来，上报纸。"还有一次到海河边玩，她又做了一首："鱼儿呀鱼儿，你生活在水里，吃水草。"我看根本不是诗。如果从心里就认定她做的是诗，是好诗，如果像对待女儿当初的画一样由衷地爱护，精心保存，定期展览，那么结果可能会是另一种样子。

有一天，女儿的舅舅结婚，女儿看到大家忙里忙外的样子，又诗兴大发，做诗一首："大舅结婚喜洋洋，花儿瓶儿摆摆齐，汽车'嘀'的一声响，新娘子来了！"我听后只是笑笑，并没有重视。孩子并不因为我们一次的不重视而放弃，不久，她又给我写了一首："我读过许多诗，都是歌颂母亲，我读过许多散文，都是歌颂妈妈。三八妇女节，是妈妈的节日，我长大了，要创建一个节日是给爸爸的，让爸爸在人们心中，也是神圣的。"我依然是轻视。从此，女儿再没有做过诗，诗歌排除在她十分广泛的兴趣之外。

轻视，竟对女儿造成如此深刻的影响，一不留神，灭了一个诗人。

直至上了初中，一次游园归来写游记，老师在批语中写道："如果在结尾引用园中那首诗多好！"女儿告诉我："我对诗怎么就是不感兴趣呢！"当时我都没意识到。

按说教育孩子我够细致了，创新能力的培养我够重视了，就是因为我对诗没太大的兴趣，就是因为当时报纸常发表一些儿童诗作，女儿的诗与之差距太大，一不留神，就浇灭了女儿的诗兴，磨灭了她诗人的天资。

孩子们心灵冲动时的每句话，都是最美的诗。该记下来啊，一定要记下来。千万留神，别灭了孩子的天资。

别用“像不像”来评判孩子的画

很多家长总是用“像不像”，“和真的一样不一样”来评判孩子的画，这种评价无疑是一颗鱼雷，坚决、果断、干净、利索地射向正在起航的舰船，一下子就把聪明的孩子击沉了。

谈起在美国实验室的研究工作，女儿很轻松：“按部就班地做，一步一步很顺利。每次我做工作报告，时间总是不够，做出的一些成果讲不全。”有时是周六的晚上来电话，正是她那边周六的早晨：“……一会儿我还要到实验室去看一看。”休息日，女儿还要去研究。她曾对我说：“爸爸，我小时候你们给我讲过许多牛顿、爱因斯坦、陈景润研究时忘我的故事，那样的故事虽然没发生在我身上，但是，我现在走进实验室遇到一个必须思考的问题，真是感到吃饭是多余的，嘴就是个容器，拿勺往里面放，吃的什么都不知道。”

后边这句话，我们记得最深，既愿意孩子勤奋工作，又不愿意让孩子太累。女儿最了解我们，在电话里常说：“真的很轻松。”

她把她的生活画成系列漫画：熊和猫的故事。我们一遍又一遍地读那些画儿，画儿不同于信，画儿是艺术，它所表达的情感、思想，需要用心灵去感受。

“那么忙，还有时间画画儿？”我责怪地说，怕影响她的工作。“对我来讲，画画儿是宣泄压力，是享受休闲，我得到的是轻松和快乐。”在她的画中充满了生活的幽默，展现着未来的理想。深奥的科研论文，我们读不懂，但一定是和那些图画一样充满着创意。

女儿最初的画是用蜡笔画了一团线条，她妈妈说：“真好，是一团毛线。”我说：“是转动的彩色风车。”她说：“我画的是公园，公园里什么都有，都在里边了。”

我也想让她学国画，就准备好了毛笔、墨汁。她在一张纸上点满了黑点，说：“这是小雨。”在另一张纸上画满竖线，说：“下大雨啦！”有的线条太粗了，就又涂了几笔，她说：“一只小狗拿着两个篮子。”如果不是她说，我们无论如何也想不到那是什么。

有一次在纸上涂个大黑疙瘩，她说是煤饼子。又在黑疙瘩上补一个小杈，说是棉手套，这总算还有点像。有一天又画了“大雨”，还有一块黑。我们问：“你画的是什么呀？”“下大雨了，这是荷花叶。”“怎么没有花儿呀？”“有。雨太大，花儿躲到水里去了。一群小鱼游过来，正和花儿玩呢！”

有一阵书店经常卖一些特价书，我们买了好几位画家的画册，一张一张贴在墙上，女儿坐在床上玩时看得见，躺着也看得见。画上有雨、有荷叶、有花、有鱼，她看得多了，一定想得也很多，编织着她的童话故事。于是把她所爱、所想，变成她的画。而且这些画，没有老师布置、没有老师判分，不需别人赞扬、也不怕他人嘲笑，只是用绘画的形式来表达自己。

由看到想，由想到画，完完全全的一个创新的过程。创新的素质，只能来自无拘无束的创新活动。

女儿抓住笔，在什么地方都画。有一次在家里地上用粉笔画了好多波浪的线条，告诉我们：“这是小帆船在大海里。”“小帆船在哪儿？”她指着一个黄粉笔点说：“这就是，浪太大了，船就小了。”还有一次画了个像半条红领巾一样的斜三角形，上角画个小圆圈。她说画的是“风。”我们一点也看不出来，她指着斜下角说：“风把小姐姐的裙子吹起来啦！”

很多家长总是用“像不像”，“和真的一样不一样”来评判孩子的画，这种评价无疑是一颗鱼雷，坚决、果断、干净、利索地射向正在起航的舰船，一下子就把聪明的孩子击沉了。儿童画的意义在于敢想、敢画，在于激发想象力，发展创新的思维能力。改变错误的评价，孩子就成为一艘乘风破浪的航船，家长的正确评价，恰恰是孩子前进动力的助燃剂。我们没让孩子参加任何美术班，就怕老师也用“像不像”的评判毁了孩子的创造力，更怕同班的伙伴互相比谁的“逼真”，挫伤孩子的创造力。

欣赏孩子的画，让孩子讲述自己的画，让我们在孩子的画中，找回童真，找回无畏，让孩子的画拽住我们走向衰老的脚步。

女儿没参加过任何绘画比赛，只是画着玩，从幼儿园画到大学，从中国画到美国。从绘画中培养的创新素质，体现在一篇篇科研论文之中。

我拿起电话，冲着大洋彼岸喊道：“有空儿再画几幅画！大家都爱看！”

Part 5

德

独生子女

最普通、最真实的日复一日的生活，才是家庭教育。家庭教育绝不是家长“装”出来的教育，最不能欺骗的是孩子的眼睛；家庭教育绝不是家长“讲”出来的教育，孩子的行为只能来自家长的行为。

提起独生子女，有些家长说：“嘿，不就这么一个吗？”这句话可以听出两层意思：一是孩子本身的问题，如果有两个孩子就不会这样；二是承认自己教育孩子的错误，但产生错误的原因是因为“只有一个孩子”，宠爱是必然的。

孩子身上的所有问题，家长对孩子教育的所有问题，都归咎于独生子女，好像全是“独生子女”惹的祸。

孩子生下来，并不知道自己是独生子女，而他们的父母都知道“我们就这么一个孩子”。父母的“独生子女家长心态”，影响了教子理念、教子态度，对孩子一生的品行会产生重大影响。独生子女的“独”与“不独”完全取决于其父母的教养态度，取决于他们成长的家庭环境。孩子并没有以自己为中心，而是家长以孩子为中心；不是孩子自己骑在家长的脖子上，而是家长亲手把孩子举起来放在自己的脖子上。

家庭教育就是家庭生活的过程。孩子的道德品质，行为习惯，都是在家庭中萌发形成的，并为其一生奠定基础。在单位里，在社会上，我们都要努力使自己的思想、言行更规范，有时候不得不违心地扮正规。而只有到了家里，穿着背心、大裤衩，光着脚丫，摇着大蒲扇，才是更加完整的真实。想什么就说什么，声音想高就高，想低就低。最普通、最真实的日复一日的生活，才是家庭教育。家庭教育绝不是家长“装”出来的教育，最不能欺骗的是孩子的眼睛；家庭教育绝不是家长“讲”出来的教育，孩子的行为只能来自家长的行为。

我们不能否认，有些家长品行很好，而孩子却问题严重。肯定是家长教子观念、教子方法上曾经失误。我们都已经看到，有些家长并没有太高的文化，而孩子个个学业有成。

父母是孩子的第一任老师，现在没有人不承认，讲到孩子的优点，都是父母影响的结果，讲到孩子的缺点，一些家长总是说是让别的孩子带坏的，很少在自己身上找原因。

唯一能改变孩子的，恰恰是我们家长的反思。反思是对我们家长思想、言行的再认识，通过再认识，才能达到自我纠偏，才能提高家长自身的素质。反思是痛苦的，是对自己的否定，新的教育理念，自身素质的提升，几乎都是在痛苦中完成的。一个把生命带给孩子，一个为了孩子可舍出生命的家长，在反思的痛苦之后，得到的是无尽的欢乐。

人之初，性本善。每个独生子女都会像我们爱他们那样，深深地爱着我们。必须要改变的，不是孩子，而是家长。孩子的所有行为，都是家长行为的投影。独生子女本不“独”，是家长的“独”，造成了孩子的“独”。

常怀感恩之心

食物细嚼慢咽才能充分吸收营养，别人好的品行，是孩子思想品德的营养品，也应强化孩子的印象，采取多样的形式，反复咀嚼。

孩子坐汽车都喜欢挨着车窗，望车外的风景。女儿一岁半时，有一次我们乘公共汽车，一位阿姨给我们让座。我向那位阿姨道谢，女儿坐在我的腿上，高兴地望着车外。“真好。还不谢谢阿姨？”孩子得到帮助时心情愉快，“谢谢阿姨。”女儿说完，又望着车窗外。下车时，我抱着女儿，又一次向那位阿姨道谢，并晃着女儿的手：“阿姨再见。”

那天我们是去姥姥家，到了姥姥家，我就引导女儿说：“今天我们是靠车窗坐着来的——告诉姥姥是谁给我们让的座——你怎么谢谢阿姨的——看着车窗外多美呀！”

她妈妈回来以后，我又引导女儿把这件事讲给妈妈听。“那位阿姨真好，和我年龄差不多吧？我每次见抱小孩的上来也都让座。”她妈妈说。“妈妈也是好阿姨。”女儿高兴地说。

晚上回到我们家以后，就玩“坐车让座”的游戏。我当司机，女儿抱着娃娃当妈妈，她妈妈当让座的阿姨。孩子很喜欢游戏，我们各自坐在板凳上，当“车”开动时，还得各自挪动自己的板凳。因为表扬让座的阿姨，感谢让座的阿姨，女儿喜欢“让座”的角色。

食物细嚼慢咽才能充分吸收营养，别人好的品行，是孩子思想品德的营养品，也应强化孩子的印象，采取多样的形式，反复咀嚼。再一种咀嚼形式，就是经常向孩子讲人们给予她的爱的故事。孩子小时候的事，大多都淡忘了，家长可不能忘。

女儿的老舅平时生活很节俭，对自己“很抠”。女儿 3 岁时，他走了十几里路，给女儿买了一辆三轮车。大舅是老实巴交的工人，在女儿上小学前，经常在星期日上午到汽车站接女儿，抱着女儿回家。

有一次女儿病了，第一天去了离家不远的医院，第二天去了儿童医院。在儿童医院看完病已经是夜里 11 点了，女儿的大表舅竟然到医院接我们，他先到我们家，锁着门。又到离家不远的那家医院，医生说：“昨晚有个叫王世珍的来看过病。”大表舅就直奔离家很远的儿童医院。我是多么感动。

那时鱼是凭副食本按人口供应的，姥姥、姑姥姥每次都把鱼头、鱼尾留下，把熬好的整段带鱼给我们送来，送菜都是才上小学三四年级的二表舅的任务。从中可以看出岳母一家的为人对女儿品德的形成影响极深。

女儿的二奶奶，一位七十多岁的老太太，就住在我家不远。她常把她女儿给她买的营养品给我们的女儿拿来，放在篮子里，上面盖着毛巾，还不让自己的孩子知道。

我的一位同事的父亲章爷爷八十多岁了，住在学校里。那是一个冬天，我们骑车到了学校，章爷爷在寒风中坐在椅子上等我们。他颤巍巍的手托着一个白纸包，慢慢地打开，里面有一块点心和一个松花蛋：“我昨晚喝酒没舍得吃，给大珍留的。”

女儿的伯父曾对我说：“没有人家姥姥一家，就没有你们的今天，可别忘了人家啊！”长兄如父，我牢牢记住他的话。爱，是需要回忆的，越回忆对爱的感受越深，越接近爱的真谛，爱的真谛是让被爱的人去爱别人，爱每一个人。

家长常怀感恩之心，就会常对孩子讲起一个又一个爱她的故事。这些故事是在热泪中的真情再现，女儿就是咀嚼这些营养品成长起来的。

尽孝

如果带女儿去看望姥姥，我们会让她挑选自己的东西送给姥姥，有时是几个栗子，有时是一包爆米花，都是家中有的，她都用自己的手帕包好。让她拿自己喜欢的属于自己的东西送给姥姥，是一种奉献，其意义远比家长代她买礼物更深刻。

我和许多人一样，老人和孩子相比，疼孩子。中国人都是往下疼。假如我有一只大虾，我会留给孩子，不会给老人送去。如果真的给了老人，她知道了也会再给孩子。我的父母去世早，如果他们活着我一定把最好的东西给他们。他们真的健在，我能把仅有的一只大虾给老人吗？真是应了那句话：父母不在别言孝。

也许因为我没有尽孝的良心谴责，也许是岳母一家对女儿的疼爱，都提醒我：为老人想做的事就马上做，而且鼓励女儿去做。

女儿一岁多了，逢年过节或者平时要看望老人，我们总是当着孩子的面商量买些什么礼物。托关系弄来几斤大虾，也要分成几份，分别给亲戚家的老人送去。如果带女儿去看望姥姥，我们会让她挑选自己的东西送给姥姥，有时她带上一块巧克力，有时带几粒糖豆，有时是几个栗子，有时是一包爆米花，都是家中现有的，她都用自己的手帕包好。

让她拿自己喜欢的属于自己的东西送给姥姥，是一种奉献，其意义远比家长代她买礼物更深刻。女儿没有成为见什么好就要什么的“小耙子”，也没有成为手特紧的“把家虎”。我们事先叮嘱过家中的老人，女儿带来的礼物，一定要当着女儿的面“享用”。

女儿 7 岁时得到过二十多元稿费，我们分别给几位老人买些礼物。到哪一家，女儿都说：“我用稿费买的。”我们给她添了八十多元，就是让女儿得到用自己所得孝敬老人的体验。

因长年累月地劳作，姥爷每到冬天脚后跟就裂开一道道口子。女儿见到姥爷先用塑料薄膜把脚包上，再穿袜子穿鞋，就记在心上，可我们都没在意。有一次，我们买回东西，随手把包装的塑料袋扔到屋外。女儿赶紧出去捡回来，“你们一拿出来，我就看见了，给我姥爷留着裹脚正好，怎么扔了呢？”她一边说一边从抽屉中拿出好几个塑料薄膜袋，“星期日给姥爷送去，这都是我攒的。”

姥爷到我家来，让我女儿给他调过电子表，女儿到姥姥家，总忘不了问姥爷该不该调表了。类似这样的细节，我们都没有注意到。

8 岁那年，她把故事大王比赛的奖品——一个瓷笔筒送给姑姥姥，18 岁读大四时，女儿为一家生化公司翻译英文资料，人家给了 300 元人民币。这是第一次挣“外快”，正好在农村的二姥爷、老姥爷来，女儿就把钱送给了他们。

我们家的电视机买得比较早，周围邻居家很多都没有。有一段时间，邻居一位姨奶奶吃完饭，就到我家看电视，我们就把最好的位子给她。要赶上有好的电视剧，我们家就成了电影院，不管谁来，那个好位子也得给那位老姨奶奶留着。有一次邻居一位小伙子来看电视，一屁股坐在那个沙发上。“那是姨奶奶的座——茶水也是。”姨奶奶爱喝茶，女儿知道她快来了，就沏好茶等着。

女儿到美国后，惦念着家里的老人，常买一些维生素寄来。她对姥姥说：“生活上您别担心，我能养活您。”前不久，又给姥姥寄来一件衣服，还在电话里了解我们的表现：“姥姥，我爸我妈常来看您吗？”打电话那天，正是中国的老人节。

一只大虾，我会给女儿；一只大虾，女儿一定会给我们。

懂得分享和给予

上幼儿园时，为了课上活动的需要，老师经常让小朋友带花布头、电光纸、小纸盒之类的东西。她妈妈总是给她多准备几份带着，并一再叮嘱：“明天准有小朋友忘了带东西，你就给他一份。”

女儿上中学了。开学前，我们把所有的课本都包好书皮儿。第一天放学回到家，她的书皮儿全没了。“刘宁的妈妈到讲师团支援农村去了，没人给他包书皮儿，我就把我的全给了他，咱们再重包。”女儿拿出挂历和剪刀，开始包书皮儿。

她的大方，是平时培养的结果。

上幼儿园时，为了课上活动的需要，老师经常让小朋友带花布头、电光纸、小纸盒之类的东西。她妈妈总是给她多准备几份带着，并一再叮嘱：“明天准有小朋友忘了带东西，你就给他一份。”

下班后到幼儿园接女儿，女儿说：“你真猜对了，有三个小朋友忘带了，我给他们分了。”小朋友的家长也向我们道谢，老师也表扬了女儿。

那时候自动铅笔质量很差，常断铅，有的孩子不得不在课上摆弄自动铅笔，影响了学习，常常挨老师的批评。我们每晚都要削好十来支铅笔，女儿带到学校，课上谁的自动笔坏了，她马上递过一支削好的铅笔。上初中用钢笔了，我们就让她买瓶墨水放在教室里让大家备用。

一个人的爱心，只有在爱心的活动中得到发现。开始我们引导孩子做，最终她才能自觉地做。

上小学时，有一次她告诉我们：“中午我们玩跳绳，先‘黑白黑’，谁输了谁坐庄。张萍输了是摇绳的，我看得出来她特别想跳，大家跳得挺好，没有一个‘坏’的，都下不来。该我跳了，我诚心没跳好，就‘下’来替张萍坐庄。张萍跳得很高兴，我摇得也很高兴。”这件好事的意义在于女儿体谅别人的感觉，我们深感欣慰。

过去她并不是这样。我们常带她到公园玩滑梯、打秋千。滑梯可以大家一起玩，而秋千只能一个人玩，其他人排队等着，要是赶上个任性的，再碰上家长也不自觉，没个十几分钟，孩子就是不下来。这也不能怨孩子，秋千就是一个人玩的玩具。我们就碰上过上去就不下来的孩子和看到那么多人排队而无动于衷的家长！

每当去公园前我就先给她打“预防针”，“如果后边有小朋友等着，咱打二十下就下来，让别的小朋友打。等没有人的时候爸爸带你打个够！”

海河边刚修的红领巾园，玩的人很多。大家都排队等着，该女儿了。她刚坐上去，就对下边等着的小男孩说：“我打二十下就下来让你打。”没有人理会女儿的话，哪个都是坐上去不下来，被家长硬拉下来还大哭大叫。只荡了二十下，女儿下来了，高高兴兴地和我玩滑梯去了。

说过的，我一定做到。繁星满天，公园里又空又静。我骑着车带着女儿来了，我把她抱到秋千上，一下一下把秋千推得高高的，“好么，快够着天上的星星啦——唉哟，就差那么一点踹着我！”当她快踹着我的时候，我装出害怕的样子往后退。

白天女儿只打了二十下，现在我要让她打两百下、两千下……她做到了谦让，我们也要满足她的愿望：一个人痛痛快快地荡秋千。

我们这样教育孩子，只是让她有一个好品行，并没想让她得到什么好人缘。谁想到，上学不久，就被同学们推举为班长，从小学干到高中。选三好学生，她的票数也总是最高。她到了美国，和各国的留学生关系也极好，科研工作就更顺利了。

从孩子小时起，从最平常的小事中，培养孩子大方的性格，关系到孩子未来生活的幸福，事业的成功。

都是独生子女，你独我也独，你想改变我，我还要改变你呢。这样的性格，结婚以后家庭好得了吗？都是独生子女，你不让我，我不让你，你看我不顺眼，我还看你不顺眼呢，同事关系紧张，工作能成功吗？

往远看，带孩子星光下荡秋千——值得！

品行培养的“三做”

女儿上小学，离家很远。每天我都蹬三轮接她。赶上下雨我就多带一件雨衣，万一哪个孩子没带就借给他。有一次赶上两个孩子没带，我把自己的一件给了他们，蹬半个多小时到了家，浑身都湿透了。

品行的培养需要说，但更需要做。家长要以行导行，才能实现以德育德。父母要自己做，以身作则；父母要带着孩子做，让孩子在行动中体验；孩子自己做，让好品行成为自觉行动。

因为平房改造，女儿的大伯父住过三个地方，有二楼，有三楼，有五楼。近 70 岁了，他每天都从楼上扫到楼下，从楼上擦到楼下，以至于有人以为他是补差的清洁工，可他是退休的注册审计师、高级会计师。“勤快点儿没坏处”，这是他常说的话。肯定是受了他的影响，我也是从楼上扫到楼下，而且和邻居一起，把楼道粉刷干净，摆上假花，挂上壁画，我们楼被评为高级文明楼院。其实，我只是和兄长一样勤快。

女儿上小学，离家很远，每天我都蹬三轮接她。赶上下雨我就多带一件雨衣，万一哪个孩子没带就借给他。有一次赶上两个孩子没带，我把自己的一件给了他们，蹬半个多小时到了家，浑身都湿透了。

她妈妈会做衣服，能织毛衣，每逢年节，总要给同事和他们的孩子做不少活儿，简直成了一架织毛衣的机器了。我们不是刻意做给孩子看的，而是爱帮助别人的热心肠。

这些，女儿看到了，思考了，并且都写进她的作文里。

我们住的是大杂院，旧街道。除夕前，我们带着女儿扫完院子扫大街，就像清扫自家屋子，是春节前必做的。赶上周日下雪，我喊着女儿一起出去扫雪、堆雪人。买蜂窝煤、买大白菜，都带着女儿一起搬运。爆了一盆爆米花，带着她去给邻居的孩子送一碗。

父母带着孩子一起做，既是引导又是影响。孩子依赖父母，跟随父母，他们会非常愿意。他们觉得是在玩，良好的品行在玩中逐步形成。

当孩子自己做了好事时，我们少不了赞许。她妈妈身体不舒服，她会剥好橘子送到妈妈嘴里；爸爸累了，她会拿过枕头让爸爸躺下休息。傍晚乘凉时，我们就让女儿给老奶奶送过一把扇子，搬过一个板凳。

家长做，和孩子一起做，让孩子做，让好的品行在行动中形成。

品行培养的“三说”

我的感动，我的震撼，我要讲给女儿听。解剖自己，孩子会更感动。

家长的行为影响着孩子的行为，家长的语言，也影响着孩子的行为。不能轻视说的作用，说是心灵的交流。

首先是说真话，说实话，说让家长心动而又能激动孩子的话。

有一年暑假，我带十几位同事去北戴河旅游，住在家庭旅馆。和我们住在一起的还有两个三口之家，是北京人。因住在一起，我们就合租一辆旅行车再去各个景点。同事中也有两家是带孩子的。早晨，我早早到路边等车，车一到，马上悄悄地喊同事们上车，坐上好位子。那两家都是坐在后边。我算是个“带队”的，没有我的座位，我也不想抢个座，每次都是坐车门口的马扎，似乎这样我就把事摆平了。有时也觉得心里过不去，特别是看到那两个坐在后边的孩子。我们买西瓜、冰棍，我都给那两个孩子送去。

第三天深夜，一位同事因吃的海货不干净，上吐下泻，还发高烧。我们把他放在椅上，要抬他到附近的医院。我们只有三个人，起码得四个人抬四个椅子腿啊！那两家的大人都出来了，什么话也没说，两位男士一人搬着一个椅子腿，和我们一起把同事送到医院，一直守到天亮。我们说什么，他们只是点头，不大爱说话。

第四天晚上，有病的同事好多了。我们开了个联欢晚会，把那两家请出来，参加我们的联欢。我表演了一段天津快板。那两位先生中的一位说：“您再演一遍，我们爱听。”这是我听他们说的第一句话，临分手，才知道他们是国务院某办公室的工作人员。

旅游回来，我把这件事的前后经过和我心理的变化，把人家对我灵魂的冲击，都讲给女儿听。

还有一次，我带学生到蓟县一座烈士陵园扫墓。那是山脚下一座整洁、肃穆的墓地，绝大多数是“无名烈士墓”，一个个最朴素的水泥棺椁。当同学们听完讲解离开以后，我拉着蔡老师，给我在无名烈士墓前拍照。一些十六七岁的青年战士，没人知道他是哪儿的人，没人知道他叫什么名字……远离喧嚣的都市，山野里的天是蓝的。远离名利的争夺，无名烈士墓是静的。在烈士的英魂面前，我的灵魂得到净化。

我的感动，我的震撼，我要讲给女儿听。解剖自己，孩子会更感动。

其次是“熏”比“训”好。平时常说平常话，要“熏陶”不要“训导”。

报纸上，电视上，只要有先进人物的报道，都是我们“熏”的话题。我们俩常用三言两语，说自己看到先进人物的体会。这比在某个时间“训导”孩子要向先进人物学习效果好得多。平时很平常地对先进人物赞颂的三言两语，它的作用会更大。这是我们最常对孩子说的。

再次是多和孩子说同事中的好人好事。女儿从小跟我们在学校托儿所，大家都很喜欢她。张大大、高阿姨、陈舅舅、刘叔叔……家长怎么对待同事、孩子就会怎么对待同学。有的家长把孩子带到单位，当面让孩子喊：“张大大好。”回到家里却当着孩子的面议论张大大。孩子长大后也只能和家长一样。我们从来不背后说别人的不好，反而经常把同事的好品行讲给女儿听。女儿认识我们的同事，她爱听我们讲他们的善良。只要去发现，好的行为就在身边，关键是我们要用善良去发现善良，用心去发现心，感动自己，教育孩子。

我们就是这样“三说”别人的好品行。三口人同时受教育。

妈妈是道德的指南

对孩子品行的影响，更多还是来自母亲，来自那日复一日简单的重复，来自那一言一行细节的积累。

某日晚，我妻一下班到家后，照例先去卧室换衣服，我催促她“快点儿，吃饭啦。”她像往常一样慢条斯理地走进餐厅，得到女儿精心策划的一个惊喜。

那天是她的生日。早在两个月前，女儿就告诉我，她在美国花了40美元，在新浪网上给妈妈预订了生日蛋糕和50支粉红色的康乃馨。妻子从来没过过这么排场的生日，没有得到过生日蛋糕，更不要说鲜花了，那年，她50岁。女儿在贺卡上写道：“50岁，不可能成为一个公主，但一定会是一个美丽的皇后。”

第二天晚上，女儿打来越洋电话：“因为时差，美国的白天是您的生日。

今天正好轮到我在实验室做工作报告。我把您在新泽西州大西洋海滩的照片，放在报告的最后，还烤了一个大蛋糕。在报告结束时，我在大屏幕上打出您的照片，向大家介绍，这是我的妈妈，今天是她50岁生日，今天的报告是我献给她的生日礼物，全场三十多人热烈鼓掌，大家吃着我分发的蛋糕非常高兴。”

妈妈嚷着太贵了，合人民币快400元了，一大家子吃都够了，从心里到脸上却笑着，美着，让我马上拿出照相机，围着蛋糕、鲜花，变换角度照了一卷，打电话告诉姥姥，告诉同事们。

不仅如此，女儿还给她妈妈寄来化妆品、项链、戒指、衣服。我们不在乎这些东西值多少钱，全是女儿的一片孝心。

妻子应该得到女儿的孝敬，女儿的行为完全是妈妈行为的再现。我总是感觉妻子对女儿的影响比我更深刻。母亲，都具备天生的忍耐力、抗挫力，父亲的影响，也是在母亲的支持和赞许下产生作用，如果母亲有一点与父亲不一致，有一丝的偏护，孩子的反应就会很不同；而母亲坚忍的精神，于细微处看似不是教育的教育，对孩子产生了质的影响。

妻子有两个弟弟，都在工厂工作，先后成了家，在他们结婚前，我们三口每周都到姥姥家连吃带拿。他们结婚后，妻子对我说：“咱们少去几次。”而且每次去都不空手。尽管弟弟、弟媳非常好，妻子从来不去娘家“沾光”。她常对女儿说：“你姥姥生我养我很不容易啊。”给女儿讲她小时候困难的生活。虽然中国传统“重儿轻女”，但妻子却承担着儿子一样的责任。

姥姥没有戒指，妻子就买一枚给姥姥戴上。姥姥身体虚弱，嫌厚棉被压得慌，妻子马上买一床鸭绒被送过去。妻子平时节省，但亲友有事时，她送钱送物却从不含糊。

女儿写人记事的作文中，写得最好的是妈妈，记得最好的是关于妈妈的，妈妈是她最好的道德指南。直到现在，女儿来电话经常和妈妈交谈，什么都谈，又说又笑。和我只谈工作上的事、学习上的事。

我说不清，但我感受得到，对孩子品行的影响，更多还是来自母亲，来自那日复一日简单的重复，来自那一言一行细节的积累。爸爸的影响是刚性的，妈妈的影响是柔性的，柔性的影响会更深刻，更久远。

学会吃亏

吃亏常在，吃亏是福，吃亏能让孩子们的心灵更纯净，胸怀更宽广。

“吃亏常在”，这是我母亲经常教导我的话。在我吃亏时，她抱着我，晃着我，哄着我说；当我的孩子吃亏时，我却忘了这句话，忘得一干二净。

女儿读小学后，每天都要带一本课外书课间看，往往三两天就读完一本。有几位同学知道后，就找她借书看，有的不等你看完，看见你带书，就拿过来看。女儿对我诉苦，我给她想了一个好计策。

我用牛皮纸包上书皮，写上“自然常识”。只要带课外书，就套上这个封皮。“爸，你是诸葛亮！”女儿这回能在学校安心读课外书了，“那几位同学一看封面就走开，他们还说我就爱看自然常识。”女儿那时中午在校吃包餐，一次阿姨收拾碗筷时，发现女儿的碗虽是空的，碗底儿里却扣着几片肥肉!

我不敢说女儿的“计策”不是对我的“计策”的复制。很快，又有一件事教育了我。

刚开始上学，同学们都住校，那阵用十二色尼龙水彩笔的人很多，都是一种样子，弄混了，就得闹矛盾。有一天老师把一位住校孩子的家长和我叫住，告诉我，两个孩子都说一支绿色彩笔是自己的。这事还真不好办。

那位家长仔细看了看尼龙笔，说:“反正我们买过一盒，像是我们的。”

我接过笔，也仔细地看了看，坚定地说:“这是我们的!”见他们疑惑，我很得意，“您看，我在笔杆的上头都粘上一圈橡皮膏，这是拆下橡皮膏的痕迹。”说着，我让女儿拿出那十一支笔，每支都粘着一小圈橡皮膏。

就是怕误会，更怕误会中老师会对孩子有不好的看法，不能让孩子受委屈。我们不占一点儿便宜，也绝不让孩子吃点儿亏。我也舍不得让孩子吃亏。

老师把那位家长留下，让我们走了。一路上，我开始庆幸自己的“计策”，可是，想起那个孩子，却怎么也高兴不起来。

第二天早上，我把另一套中的那支绿色尼龙笔拿出来交给女儿，让她带给住校的那位同学，并把笔上的橡皮膏全揭下来。如果真有误会，就没有更好的办法吗?就是孩子受了委屈，吃了点儿亏，也是对个性塑造的另一种手法呀。

班主任孙老师到市里开人大会，有的自习课没有什么安排。我就让女儿把家里的童话画册带去，组织同学们阅览，坚持了一个星期，可是，我们珍爱的图书严重被损。周日，我们和女儿一起一本一本地粘好。女儿心里别扭，她爱她的书，我们也不高兴，本来那些书都跟新的一样，我们只能和女儿多谈同学们读这些书的情景，让女儿复述快乐的过程。图书受损，但女儿得到了帮助同学、组织同学的体验。

有了“吃亏”的体验，女儿逐渐学会主动“吃亏”。

我们家有二十多个小纸灯笼，就是用各色皱纹纸做的，那种最简单的小灯笼。每到春节，妻子就拉上铁丝，挂满四壁，五颜六色的，来我家的小朋友，就以为到了新年游艺室。

这也是女儿最喜爱的，那年元旦，小灯笼一个没剩，全让女儿的同学“瓜分”了，女儿回到家难过得直流泪。

那天是元旦活动，老师让她们几个班委布置教室，女儿就把小灯笼全都带到学校。刚一布置，同学们就这个要这个、那个要那个，要等散会后拿回家，还问女儿：“行吗？”

女儿不好意思说不行，又实在太爱这些小灯笼了，整个晚会都在看着小灯笼，想着小灯笼，心里酸酸的，脸上还得笑着。她告诉我说同学们都特别爱这些小灯笼。

联欢会一散，同学们就一哄而上，小灯笼各有其主，同学们高高兴兴地走了。女儿是含着泪回到家的，她在那篇作文的结尾是这样写的“——我多么希望同学们会善待我的小灯笼啊！”

吃亏常在，吃亏是福，吃亏能让孩子们的心灵更纯净，胸怀更宽广。

饭桌上的教育

在自己家里，在吃每一顿饭的时候，都不应让孩子感觉自己是家庭的中心。

女儿 10 岁，读初一。晚上放学，进家门就直奔桌上的海蟹，鼻子几乎挨着鲜红的蟹壳：“太香了！”立刻坐下开吃。

妻子给女儿剥开一个团脐的，顶盖肥，女儿吃得满脸美满嘴香。妻子也剥开一个，用勺把儿往女儿碗里拨肉。我也剥开一个，大块的肉拨出来，留着包饺子用，剩下的就嚼一嚼。条件有限，不可能像孩子一样放开了吃。

“爸，您不是常说‘螃蟹爪就酒，越喝越有’吗，还不喝点酒。”

“看咱这闺女，来，上一瓶！”

妻子从冰箱拿出一听啤酒，我沾酒脸就红，一听啤酒得分两顿喝，平时我极少喝酒。

一口酒下肚脸就红了。女儿把桌上的蟹爪全给我递过来，酒味儿、蟹味儿、姜蒜味儿，最大的声音是我嚼蟹爪的声音。喝下半听酒，摸摸脸，像冬瓜表面长了一层毛的感觉，发木了，天伦之乐，美！

“大珍，”妻子把蟹肉放进女儿碗里，笑容后面像是藏着一道问题，“我一直纳闷儿，螃蟹爪能就酒，螃蟹肉就不能就酒了吗？”

“能啊！”女儿回答得很快。

我看着女儿，没笑出声来。

“我看过一幅漫画，”妻子开始讲故事，“有一只小猫长大了。猫妈妈过生日，小猫提着她精心准备的鱼头、鱼尾、鱼刺去祝贺，炫耀地说，‘从我小时候起我就记得，妈妈最爱吃鱼头、鱼尾、鱼刺了’。”

“我也看过那幅漫画！”女儿看见我们正笑着看着她，忽然明白了，“是说我呀！”

“你还小，我和你爸吃的比你多，我们小时候，海蟹最便宜了……”

几天后，在女儿的作文中，我才知道当时的一个秘密。就在那次吃饭时，女儿听了故事后，把她碗里的蟹黄蟹肉趁着给我们盛汤的机会，放进我们的碗里，可惜的是我们都没有吃出来，她写道：“……尽管红头涨脸的爸爸没吃出来，尽管平时细心的妈妈也没发现，但是，我永远也不告诉他们。”

有点好吃的，先想着孩子，这种习惯也是因为我们过去过的都是穷日子，营养的东西少，而现在不用了。如果还是一味地在饭桌上溺爱孩子，迁就孩子，最终家长喂养出来的只能是横行的海蟹，霸道的海蟹。

女儿两岁多，一天中午我骑车带她到市场买了一大角西瓜，我让小贩切成三个小角，在路边，女儿就迫不及待地吃起来，一边吃，一边说出一句让我大为震惊的话：“爸爸妈妈都不吃，就让我吃。”

她说得很对，当时有一点好吃的只够给孩子。我是想不到，她竟然在吃西瓜时，给我们的行为来一个高度概括。切了三角，她吃着一角想着两角，怕我们吃了！孩子本来“不独”，是家长造成了孩子的“独”。

随着经济的发展，人们的生活也越来越好，但是饭桌上的教育，不但不能忽视，反而更应该注意。有的家长带孩子参加宴会，饭桌上一个劲儿地给孩子夹菜，更有甚者，只要孩子一张嘴吃这个要那个，几位家长紧忙活儿。有的孩子已经读中学了，一点也不懂得饭桌上的礼貌，有的菜是按人头上的，他一个人就对付了仨俩的。一道菜转过来，连续几次下筷子——有什么害处呢？

这样的孩子最容易形成自私的行为，缺少朋友，亲友不待见，工作后交往能力差，让人看不起。须知：筷子头上出逆子。孩子饭桌上的不良行为，是家长影响的，也必须由家长纠正。

首先要清楚，孩子的发育需要足够的营养，要靠平时一日三餐，不是一次宴会就能吃出个胖子。其次在赴宴前要打预防针，要有要求、指导。再次要以老人为中心，教孩子为老人夹菜，更重要的是在平时，在自己家里，在吃每一顿饭的时候，都不应让孩子感觉自己是家庭的中心。

孩子小，他们把赴宴当做是一次玩，的确没想那么多。他们把菜当做新鲜的玩具，吃就是玩。但是，我们还是有引导比较好。

孩子饭桌上的问题，明明是一分硬币，非得看成圆桌面那么大也不行。有条件用不着非下饭馆，在自家亲友聚一聚，为孩子们多创造一些“一起吃”的机会，在“吃”中，对孩子的行为进行艺术性地而不是斥责地调控，最终形成良好的习惯，文明的举止，孩子会成为绅士。

绅士都不会像海蟹一样横行，而且都知道海蟹的肉可以下酒。

让孩子哭吧

家，是孩子心灵的休憩站；父母，赛过最好的心理医生，因为父母能分担、弱化孩子的痛苦。家，是孩子笑的地方，也是孩子哭的场所；家，应该是孩子温馨的港湾。

天下父母谁不爱自己的孩子？孩子要的，家长能做到的，谁不去做？有些要求虽合理，但家长做不到，做不到时，我是痛苦的。

女儿上小学二三年级，学校排练舞蹈，迎接六一儿童节。其中有一个两人的印度舞。如果化好妆，再穿上金光闪闪的服装，脑门点上红点儿，戴上耳环，卡上鼻环，光着脚，带着脚镯……多漂亮。女儿喜欢跳舞。但最后老师选中了另外两个同学，让女儿和其他两个同学一起演另一个舞蹈。

那天，女儿坐在我的三轮车上，一路没话，只是到了家，书包往床上一放，趴在床上呜呜地哭起来。

女儿并没有要求我们去找老师，我们也不能去，谁下来也会难过。怎么劝？这是我们无法办到的事！女儿从来没有这么伤心过，她妈妈也说不出一句劝慰的话，两只大眼睛一对一对地掉眼泪儿。我闭上眼睛，无奈地听那一声声令我心痛的哭声。“让孩子哭吧！”我对要安抚女儿的妻子说。

女儿哭够了，拿起书包，开始学习。她妈妈给女儿倒了一杯水，还在擦自己的眼泪，我仍是紧闭着眼睛，低着头，右手掐着脑门儿，用胳膊肘支撑着，像一尊铁水浇铸的塑像。

那晚，我们躺下得很早。妻子责怪说我："你就这个能耐，急得撞头有嘛用，在家自己跳不一样吗？"

女儿除了把她的那个舞蹈练好外，每天都在家练习偷偷学到的印度舞。老师在教别人，她在一旁看，还不能跟着比画，还得记住音乐、动作，那是怎样的一种心理历程呀！胸怀，都是委屈撑大的。

还是妻子心细，找老师借来那首印度舞的音乐磁带，翻录后在家里给女儿放，还跟着女儿学。

我们不再担心，女儿的心情像阳光一样灿烂。

家，是孩子心灵的休憩站；父母，赛过最好的心理医生，因为父母能分担孩子的痛苦，弱化孩子的痛苦。家，是孩子笑的地方，也是孩子哭的场所；家，应该是孩子温馨的港湾。在这件事中，女儿承受了人生中第一个重大挫折，女儿必须遵守公平的规则。顺境和逆境都是对完美人格的一种塑造，挫折感锻打了女儿的意志和品德。

读研究生时，她得到了"德普公司—南开大学奖学金"。半年后，又要评一项大额奖学金。她回家就对我们说："这项奖学金我们学院只有一个名额。那是给我的，我的分数最高啦。"评审组的老师们研究后，说："这个名额让他们实验室自己定吧,分最高的都在他们实验室了。"女儿并没有拿到。

她想到自己就要赴美留学，想到实验室还有许多工作要由同学来做，她觉得给留在国内的同学更合理，如果自己拿走，同学会怎么想？她懂得了办事要"合理"，她懂得了"换位思考"。

好啊，没有白哭，哭出了成熟。有了小挫折垫底，大挫折来了，就能在平静中应对，在应对中取胜。

找成功的客观原因

人的发展也是一样。一要靠自身的努力，二要靠适当的机遇。尤其是取得成绩时，找一找客观因素，会使我们头脑清醒、谦虚谨慎、再接再厉。

北京的天坛公园有许多古树。据说，基辛格博士在参观时说，用美国现有的科学技术，要复制一座天坛没有丝毫问题，但是这些古树是无法复制的。

古树为什么能生长至今？

一是自身的生命力，二是难得的机遇。试想，当时天坛内外绝对不会仅仅就这么几棵，北京城内与古树当年同时栽种的就更多了。但那些树不知何年何月，不知何故，早就没有了踪迹。能说它们的生命力不强吗？这些古树的幸存，离不开机遇。离不开人们对它们有意无意的爱护。

人的发展也是一样，一要靠自身的努力，二要靠适当的机遇。尤其是取得成绩时，找一找客观因素，会使我们头脑清醒、谦虚谨慎、再接再厉。

女儿上小学时，有一次开家长会，语文老师叫两位同学给家长朗读课文，让家长照样子去辅导孩子，两个同学中就有我的女儿。

她读得很好，声音洪亮，挺有感情，得到家长们的热烈掌声。

回到家里，“我，我……”女儿不好意思，扭扭捏捏的，“我觉得，我读完课文，家长的掌声最大。”

“对，是大。在你进教室之前，老师就告诉大家，下一个女孩是我们班课文读得最好的。”我把原因告诉她，“所以，家长的掌声比前边那个同学大。”

孩子对赞扬多么敏感，可以看出她的得意，骄傲。

她上学后，第一次评选活动是选“值勤”的同学，戴上“值勤”胸章，挺神气的。全班选了 9 个人，没有女儿。她说：“哼，我还不愿意呢！”

过了一周，又选“值勤”的，她回到家就指着胸章让妈妈看：“看见了吗？全班才 6 个啊！”

仅这两件小事，我们就开始格外注意引导她客观地看别人，客观地看自己。从小学、中学到大学，到美国，女儿一直是谦虚谨慎的。

她前几天还给我来电话说：“我从来没有觉得比别人优越，全是机遇。那么巧，您对我早期智力开发，就赶上天津市第一次超常班招生；老师有的是市人大代表，有的是市政协常委；到中学又碰到那么多好老师，初中的班主任是现在的校长；到大学同宿舍的同学都那么棒，6 个人 5 个考上研究生；研究生导师又对我那么器重，破格公派送我去美国深造；毕业后，又是美国这么好的大学邀请我做博士后。我只能说我是一个幸运的中国人。”

女儿的幸运，像天坛中的古树。

谦虚品德的培养，早就存在于日常生活中、学习中，早就存在于平常的阅读中，早就存在于家长对成绩的态度中，这是最重要的影响。不过，我们也曾集中做了有关的教育。

1. 名人名言和故事。

女儿记得最清楚的是“孔雀的尾巴是美丽的，可它却成了飞翔的包袱”“成熟的高粱总是低着头”“水少的瓶子声音大”等。晚饭后，念几段，作为欣赏。给她讲的故事就更多了。

2. 让她每天讲一件同学的好事或者进步。

特别是所谓的“后进”同学，女儿能发现许多老师和家长都注意不到的优点。看到别人的优点，尊重每一个人，自己自然骄傲不起来。

3. 开展“每天为同学做一件好事”的活动。

可以是擦一次黑板、打一次水，借给别人一支铅笔、一块橡皮，给同学讲一道题等。事不在大小，坚持做，形成习惯。

4. 每次受到老师表扬，被评选为三好学生，选上班长、大队委，学习有进步等，获得成功，一定要认真分析，看到大家的帮助。成绩，成功，成就，永远不会是孔雀的尾巴，女儿只有鹰的翅膀。

“孩子缘”是父母带来的

亲人的评价是积极的，亲人的态度是热情的，亲人的关爱是真挚的，在这样的外部环境中，孩子的心理发展才是健康向上的。因为这是孩子最先接触的人，要让亲戚都成为孩子的教育资源。

“姥姥不疼、舅舅不爱”，是说孩子没有孩子缘，不招大人喜欢。孩子最直接的环境，一是父母，二是爷爷奶奶、姥爷姥姥等亲戚。亲戚对孩子的评价态度也影响着孩子个性的发展。

有一位同学曾经告诉我："我姑姑和我妈不和，表哥比我大一岁，从小我们就在一起玩。四五岁时，我们要是在一块儿，不是我姑拉着表哥走，就是我妈喊着我走。我上小学三四年级了，我姑看见我装没看见。我心里特别恨她。到中学我干嘛都觉得没自信。一家子啊，还这样了？"因为长辈的矛盾，迁怒于孩子，对孩子心理造成不良影响。这是一类。

再有，我们这代人，大多都是兄妹几个，有的老人由于受旧传统影响，还有"红眼""白眼"之分，孩子很敏感，父母就参与，"你的孩子你宠，我们躲远点不行吗？"童心不可欺，只要有一点冷落，孩子都会感觉到。

除此之外，主要还是父母太娇宠孩子。在自己小家庭中一切以孩子为中心，在大家庭里也还是以自己的孩子为中心，会引起别人的反感。孩子又独又横，没有礼貌，只能说好，不能说坏。长大了，没人会关爱他。

亲人的评价是积极的，亲人的态度是热情的，亲人的关爱是真挚的，在这样的外部环境中，孩子的心理发展才是健康向上的。因为这是孩子最先接触的人。要让亲戚都成为孩子的教育资源。

1. **家长以身作则。**在家庭利益上，要多奉献、少索取、不索取。在亲戚关系上，也要尽力帮助别人，或得到别人帮助后，要有感恩之心，并让孩子知道别人是怎么爱我们的。

2. **对亲戚做事的不当要原谅，更不能当着孩子的面议论。**对亲戚孩子的淘气行为要宽容。宽容别人的孩子，别人才会宽容自己的孩子。同时，还要主动创造亲戚聚会的机会，让孩子们一起游戏、一起学习，彼此感受亲情，学会合作。

3. **最重要的还是教育好自己的孩子。**在把孩子带到亲戚家前，提前嘱咐，到亲戚家后，家长也要有所留意，尽量不对别人造成大的妨碍。亲戚对父母提的教育孩子的意见、建议，家长要听得进去。旁观者清。

我妻子在这方面做得很好。我们常带孩子去的是姥姥家，姑姥姥家，姨姥姥家，常和女儿玩的是妻子表姐的女儿，两个孩子相差一岁。我侄女、侄子的孩子也都爱到我家玩。妻子从来都是一视同仁，孩子们到我家玩都很愉快。

每一家对我们帮助都很大，世上所有的好，都不会是单边的，两好并一好，要双向互动。妻子尽自己的力量，用各种形式回报亲戚对孩子的关爱。当然，最核心的是爱亲戚们的孩子。女儿的成长，是每一位亲戚都给予最深切的爱，每一个笑容，每一个呵护，都是亲戚洒向女儿的灿烂阳光。像爱自己的孩子一样，去爱别人的孩子，在亲戚交往中大方些，坦诚些，孩子们得到的会更多。

尊重孩子看动画的权利

谁先改呢？要想孩子变，首先家长要变。孩子自制力差，父母要反思，从对看动画片的态度开始。

不少家长焦躁地对我说：“我那孩子到家就看动画片，不让看，他跟你闹，让他看吧，又快考试啦……”孩子看动画片，家长一百个不放心。

看动画片，最能培养孩子的注意力、自制力，与孩子未来对学习的态度关系极大。

许多家长都愿意孩子长大后到国外留学。中央电视台经常播出的是从美国、日本购进的优秀动画片。看动画片是孩子感受先进文化的难得机会。

动画片中那些崭新的科技术语，那些现代生活的理念，那些国外教育的模式，就足够我们父母学一气的了。更何况那无拘无束、自由自在的想象力、创造力，对孩子拓宽知识、开发智力、训练思维、培养素质具有重要的作用。我不能从理论上说清，但我深深地感受到了这一点。

不但要让孩子看，还要积极地创造条件，让孩子自由自在地看。

虽然只是一间屋子，播放动画片时，我们从来不打扰孩子，哪怕晚做一会儿饭，晚说一会儿话。而且，尽量和她一起看，和她一起欢笑。看完了，还一起津津有味地评论几句。不是在孩子面前“作秀”，而是真的和孩子一起欣赏。

以下这种常见的情形，在我们家是绝不会出现的——孩子刚坐下来看动画片，家长一边忙着做饭，一边说：“今天默写了吗”“快考试了吧”“看完赶紧写作业啊”“作业多吗”……孩子聚精会神地看着电视，没回答。“我说你，你听见了吗？”家长火了。“啊——嗯——哈哈哈，”孩子一会儿笑，一会儿急，“一会儿再说行不行，腻歪人！”“你说嘛？谁腻歪人，你什么时候对待学习像看电视就行啦！”“别烦啦——哈哈哈……”……接着，也许是电视被关上了，也许是在双方对抗中孩子看完了电视，家长也完成了“干扰”教育，也许是孩子哭家长闹，各种情形都曾经发生。

尊重孩子，尊重孩子看动画的权利。不满足孩子看动画的心理需求，不让实现孩子通过看动画而学习的愿望，孩子没有独立的行动，就不会有责任感的成长。孩子一看动画片，家长对孩子强烈的控制欲就冒出来，应该先控制自己的不良情绪。

总共二十几分钟的时间，家长要打断孩子好几次不说，更重要的是孩子在“腻歪”的情绪中看完动画片，他们能愉快地接受家长认真学习的要求吗？而且这种“腻歪”家长的情绪经历，在适当的场合——只要家长一说，那种“腻歪”情绪就成了条件反射，想压都压不住。

当孩子在学习时，注意力不集中，家长就一味地批评、指责。其实，正是家长铸成了孩子注意力不集中的缺点。谁先改呢？要想孩子变，首先家长要变。孩子自制力差，父母要反思，从对看动画片的态度开始。看动画和学习一样，要按时定点。从家里生活的实际出发，哪个时间段最适当，可陪着孩子看，养成习惯。也许孩子对另一个时间段的也有兴趣，家长可以不积极参与评论，对那套节目的态度可以“冷淡”一些，更重要的是合理安排时间，那个时间段可以阅读、可以游戏、可以带孩子做许多事。

千万不能把电视机当幼儿园，千万不能把动画片当“保姆”，不要成为电视的奴隶。为了不让孩子打扰父母，让他们看动画片去吧——形成习惯再来纠正，不如一开始就养成好习惯。

不是孩子看动画没有节制，而是家长曾经的态度、做法有待调整。

品行争第一

优秀的品行，肯定是推进女儿突飞猛进的动力的核心。我们始终坚持这样的认识：学习不一定能得第一，但品行不能得第二。

小学四年，女儿的学习成绩很少得到第一；初中两年，也是中上等；高中前两年还是中等靠前；高三时，从她们班选出六个学习最优秀的到大班，大班的孩子比她们班大一岁。女儿没被选上，大约过了二三个月，又把女儿和三四个同学选到大班，离高考仅仅七八个月。这个大班是在初一时，从全市报名的上千名优秀学生中选拔出来的。

就从那开始，女儿的学习似乎突然出现了质的飞跃。每次月考，她都是考一次进一步，由四十多名升至七八名。有位孩子读了两次高三的家长，向我祝贺说："你们孩子进步真大。"他非常了解我的女儿，连他也觉得惊奇。更大的进步，还是在考进南开大学以后。

南大录取时她是天津 12 名考生中的最后一名。大二开始，就跃居全系第一，获得天津市优秀理工科学生奖学金，德普—南开大学奖学金。大四上学期，就以总分第一名的优异成绩免试留校直接攻读博士学位。

我们万万没有想到！

这或许就是教育家所说的"第十名现象"？

和许多家长一样，我们希望孩子每次都考第一，一次又一次的现实让我们不得不面对，她只能是七八名那个分数档次。而且一保持就是八年。但是，每次家长会上，老师都会用一个自然段末单独表扬她。各位老师都一致夸她：“非智力因素非常好……”一句话就是夸她品行好，还说：“这样的孩子有潜力……”她小学、初中、高中一直担任班长，几乎年年是三好学生。她的学习潜力突发出来便不可收，正应了各位老师的吉言。

优秀的品行，肯定是推进女儿突飞猛进的动力的核心。我们始终坚持这样的认识：学习不一定能得第一，但品行不能得第二。

具备了优秀的品行，不愁成绩上不去，不愁事业不成功，不愁生活不幸福，那只是时间早晚而已。

品行，一定要让孩子做得更好；学习，尽力就行。我曾经为“第十名现象”而窃窃自喜，认为正是说我女儿，其实是一种自我平衡，自我欣赏，自我安慰。难说以后没有第“五十名现象”，“后进生现象”，人的学习潜力需要我们再认识。

不管以后是第几名，无论孩子现在是第几名，品行要争做第一，那是无疑的。

允许孩子犯错

知道自己有错的孩子，才能改正错误，尊重别人，学习别人，宽容别人。知道自己有错的孩子，是快乐的人。

为什么要对别人说“对不起”？为什么要向别人道歉？因为我有错。家长向孩子说“对不起”，就是证明自己有错。孩子从中学会的不仅是使用礼貌用语，而且他们懂得了自己有错，别人也有错，每一个人都会有错。

知道自己有错的人，是快乐的人，是发展的人，是幸福的人。

我们在家里妨碍了别人，都要说对不起。要有谁都可能犯错和及时纠正错误的意识。让孩子从小就知道父母也是有错并不断改错的人。

孩子知道自己有错，无论是学习中的困难还是与人交往中的不顺，他们会主动从自身上找原因，通过改变自己来改变他人。知道自己有错，就不会骄傲自大，就会善于听取别人的意见、建议，思想更具开放性，会不断吸取别人的新观点、新经验。

孩子知道自己有错，会由自己想到别人，就会容忍别人的错误，宽以待人。在与人的交往中，在自己将来的生活中，会宽宏大量，弱化矛盾，减少恩怨，赢得信赖，结交更多的朋友。

一些家长最大的问题是不允许孩子犯错误。他们眼里的家庭教育就是发现孩子错误、纠正孩子错误的教育，把孩子当做物质一样去提纯。这样提纯提出的孩子，依旧有错误，只是更加或者根本就不承认错误。还有些家长一味纵容孩子，有错全是别的同学影响的，甚至是老师的责任。两种态度培养出同类的孩子：自以为没有错的孩子。

自己没错，就骄傲自大、目空一切。自己没错，就专找别人的毛病，责任全是人家的。自己没错，就听不进半点正确的意见，结果是影响同学关系、师生关系，影响个人生活，影响发展。

在女儿面前，我们从不粉饰自己的错误，而是严肃地剖析自己的错误。我们并不因老师的告状、阿姨的反映，就抓住女儿的错误大发雷霆。我们更多的是尊重犯错误的孩子，尊重孩子的错误，尊重客观存在。相信孩子是不愿犯错误并愿意努力改正错误的，了解孩子犯错误的来龙去脉，宽容孩子有意或无意的任何错误，宽容比教训更有力量，激励孩子改正错误的愿望和每一个点滴的行动，提醒孩子注意不要再犯，少犯类似的错误，及时提醒，是最好的帮助。

知道自己有错的孩子，才能改正错误，尊重别人，学习别人，宽容别人。知道自己有错的孩子，是快乐的人。

品行教育的七点断想

孩子的优点，是父母教育影响的结果；孩子的缺点，难道都是跟外人学坏的？

1. 德行的养成全在家庭，在父母。看见孩子就看到了他的父母；看见父母就看到他们的孩子。家长是孩子的第一任老师，孩子的优点，是父母教育影响的结果；孩子的缺点，难道都是跟外人学坏的？请父母想一想，自己在哪个教育环节上出现了失误。

2. 品行教育千万不要依赖学校，品行的根在家庭，品行的根在父母，别把家长承担的责任推给学校。好品行不是课堂上老师讲出来的，不是书本上孩子念出来的，而是孩子学着他们最亲的人做出来的。学校的德育功能，不是我们期望的那样，实质上它也不可能会那样。学校对孩子的品行教育与家长相比，只起辅助作用。

3. 西瓜开花后刚结小西瓜，就把它放进一个透明的方形玻璃瓶中，西瓜长大了就成了方形。葫芦结果时，给它套上各种各样的模子，秋天就收获各种形状的葫芦。父母自身素质就是方形玻璃瓶，父母的教子智慧就是葫芦模子。教育子女的失败，父母的责任推脱不掉。

4. 无微不至的呵护伴随着简便易行的吓唬，呵护和吓唬只能培育出一只恶虎。不少自称“我管孩子倍儿严”的家长，最终全让孩子给管住了，给治服了。因为他们的“严”是借助家长的权威，根本不尊重孩子。一旦孩子长大，他就会用各种方式进行反抗，最终投降的是家长。

5. 有的父母抱怨：我的孩子变坏都是因为交了坏朋友，让坏孩子带坏的。物以类聚，人以群分。孩子交坏朋友，是孩子欣赏朋友的坏，孩子自身就有坏的因素，坏的要求。但是，一定要注意，孩子的坏，不一定是真坏，孩子的坏可能是对家长、对学校、对社会的不公平评价的反抗，对错误的教育的叛逆。

课堂上有一个学生言行反常规，同学们都用哄笑来支持，是受到坏的影响吗？压抑需要宣泄。孩子缺乏应有的尊重和独立，他们在所谓的坏朋友身上得到心理平衡。人家的孩子不坏，自己的孩子也不坏，坏在孩子需要得到的，家长并没有给他。

6. 一些家长对孩子是“爱你没商量”，专门用“爱”猛击孩子的软肋。“我能跟你一辈子吗？”“都是为了你好！”“只要学习好就行，家里什么事也别干。”“吃的给你，穿的给你，你花了我们多少钱我们也不心疼，你可得好好学呀！”孩子哪不行，家长偏要用“爱”的铁拳打，孩子能不反叛吗？

7. 品德教育与学习、与体育、与游戏、与休闲、与生活中的一切一切都紧密相连，根本不能剥离，是皮和肉，是细胞和血液。即使皮和肉、细胞和血液全能分离，那也是对生命体的肢解。品德贯穿于人的全部生活之中。家庭生活是孩子品德成长的土壤，不要刻意追求德育效果，要提升家庭生活的文化品位，文明程度。

爱的训练

在孩子小的时候，尽力让她积累丰富的有关关爱的早期经验。

孩子玩过家家，都愿意当妈妈，玩看病都愿意当医生，玩上学都愿意当老师，为什么？因为每个孩子都心地善良，都愿意关心别人，都愿意帮助别人。每个孩子都是一颗善良的种子，他一诞生便在父母的爱抚中成长。人都是这样一代一代在爱中繁衍而生生不息。用不着父母告诉他我们是怎么爱你，看看他们过家家，就让我们感动。他们接受了我们的爱、继承了我们的爱，还不“懂事”就见习着爱的奉献。

欣赏孩子的游戏，感悟人类的文明。人类最伟大的品质，就在孩子们最简单的游戏中。欣赏孩子的游戏过程，是我们与孩子一起走向文明的过程。

另外，孩子都喜欢饲养小动物，关怀小动物，照顾小动物，从中不仅仅得到品德培养，也培养孩子的独立性。人格的独立，行动的独立，思想的独立通过饲养小动物，都可以得到培养、训练。

小动物依赖人，孩子在它们面前肯定是个主人，要尽到关怀、照料的责任。孩子从中积累了美好的情感体验，积累了关爱的经验，在未来的生活中体验和经验就会不断重现，不断加强。有心理学家认为：成人的全部生活，都是他早期生活经验的再现。

我是赞同的。起码，在孩子小的时候，尽力让她积累丰富的有关关爱的早期经验，尤其是品行。6岁前，父母的教育素质，形成了孩子的成长环境，搭建了孩子品行成长的框架。

女儿先后养过几只猫，胳膊让猫抓得一条条红道子，我们呵斥猫，她出来阻挡，“没事，没事。”猫丢了，她伤心得哭了一周。

女儿还养过小兔。我们就住一间平房，平时小兔放在门外的木箱里。有一天半夜下起大雨，她妈妈问“小兔盖好了吗？”我跑到外边，太及时了，大兔生了一窝小兔，全被雨水浇透了，我赶紧把木箱搬到屋里，她妈妈找来一个大纸箱，把女儿的小棉褥子铺上，把小兔一个个擦干净放进纸箱里，给母兔喂馒头，女儿一直跟着我们忙活。一窝兔子就和我们住在一间屋里，直到它们能吃菜叶。喂兔是女儿的活儿，打扫小兔粪便也是她的活儿。有一只吃奶的小兔生病了，女儿每天用眼药水瓶给小兔喂牛奶。

在饲养小兔的过程中，也锻炼了女儿的劳动能力，在安全、卫生的前提下，有条件，不妨让孩子饲养一只小动物，就是蝈蝈、蛐蛐也行。

学做饭

从实际出发，参加适当的劳动，重在平时培养责任感。

女儿出国前没做过饭，到美国常打电话问炖肉怎么炒色，蒸包子怎么才能发起来。只问过寥寥几次，大约两个月后，再来电话反而教起她妈妈来啦。

第一次听女儿能做饭是她自己说的。她说她这次请了几位留学生，那次请了几位外国人，都是她在家自己做的，做了好多菜，大家都很爱吃。女儿做饭的进步是我们意想不到的。

第二次听女儿做饭好是她的中国导师说的。导师到美国访问，女儿请导师到家做客，导师说，我在沙发上坐着，一会儿四菜一汤就做好了，还问我们女儿是不是在家做过饭。

第三次是我们到了美国，实验室的老师请我们吃饭，老师说，同事也说，而且特别强调“她做的菜很好吃”。因为都是从国内出来，都愿吃中国菜，能不能做菜，特别引人注意。最让我们担心的是她竟然敢油炸肘子，她指着胳膊上微黑的一块皮肤说，她想红烧肘子，就把油烧热了，放进整个肘子，翻个时，油都溅到胳膊上，烫出像茶杯口那么大的泡。到医院也不给打麻药，美国大夫就用无菌布把泡上的皮肤扯下来。

我们去美国之前，她就说："等你们来了，什么也别干，我给你们做饭。"我一到厨房，她就往外轰我。真是很快就炒好了几个菜。

我心疼女儿，她却说："做菜太有趣了，就和我做实验一样，作料不就是试剂吗？要什么味的，不就多兑几回吗？做菜对我来说，真是一种享受。"

前不久还来电话说在整个实验楼，她每天带的菜是最好的。女儿爱在家里请外国同事，全是她自己做菜。

谁能相信，她在国内曾是油瓶子倒了也不知道怎么扶的人！十岁已经读初二了，有一天早点吃大饼油条。她托着一角饼让我给她夹上油条，她竟不知道油条是怎么撅断的。我们从来没让她动过手，她当然不会了。不过，看也该看会啦！

我们反对一点劳动也不让孩子参加，也反对必须在家里给孩子一个劳动岗位的做法。一切应该从孩子的实际出发，闲时多做一些，学习紧时少做一些。有一次吃晚饭她妈妈说今晚有雨加雪，吃完饭马上把蜂窝煤码好、盖好。晚饭后，全家三口一齐动手把煤码好、盖好。女儿八九岁，也跟随着搬煤，搬不了多少，脸倒比谁都黑。

劳动能力和学习能力一样，也有一个逐步发展的过程。其实，爱不爱劳动也是责任感的问题。

过去住房都很紧。我们给女儿一个自己的抽屉，大一点儿让她睡在自己的单人床上，每天的书包自己整理，学习的计划自己制订，学习的问题自己解决，这些都是责任感的培养，这就是素质。不会做饭，很快就能学会做饭，而且还能做得很好。

从实际出发，参加适当的劳动，重在平时培养责任感。

发现细节之美

发现细节之美，感受细节之美，记叙细节之美，孩子的心灵会随之而更美。

孩子的大部分时间都在学校，尊敬老师是帮助孩子建立和谐的师生关系的关键。让孩子爱学习，就一定让孩子先爱学校，爱老师。除了我们为孩子做出尊师榜样、讲尊师故事之外，我们引导孩子细心观察、体验、回味老师对学生爱的细节之美。最伟大的爱，往往都体现在细节之上。发现细节之美，感受细节之美，记叙细节之美，孩子的心灵会随之而更美。下面是女儿9岁时的练笔五则：

曲老师

演出前，我化好妆站在一边。曲老师走过来："听说你掉头发。"说着，双手摸着我的头，轻轻分开头发，看了一会儿，"上医院看过了？以后扎小辫别系得太紧。"

前几天，我到儿童医院皮肤科检查，医生让我自己解头绳，连挨都不敢挨，怕传染。其实什么都没有，只是我爸妈看到床上头发多。医生说我很正常，没病。

医生不敢碰我，那是职业习惯，无可非议。曲老师完全可以只教给我

“A+B=B+A”，用不着关心我的头发。事后，我总觉得这里面藏着什么，我一直在想，在想……

李老师

我们到杨村军营参观。天很热，地理老师李老师打来一壶水，两个班的同学呼啦一下围上来，李老师挨个儿给同学倒水。壶空了，还有几个同学没喝着。

李老师自己带着一个圆柱形的塑料瓶，里边的水也不多了。她就给同学们倒她自己带的水。张晓民、李亚楠还排在后边等着。爸爸告诉过我一条旅游经验：厕所常去，水少喝。我特意留了一瓶自己万不得已才喝的水。“张晓民，李亚楠，来，我倒给你们。”我把他们叫过来，告诉他们李老师的水不多了。他们又叫回几个没水的同学，我们匀着喝了。

虽然喝得不多，但挺解渴。

刘老师

下了体育课，满头大汗的同学们跑进教室，抢着从大水壶中往塑料瓶里灌水，瓶口小，水洒了一地。大家坐在位子上痛痛快快地喝起来。

刘老师进来了，看看地上，踩得净是水印子。她微微皱皱眉，什么也没说，转身拿过墩布，一下一下地擦干净，又把墩布放到门后。

我放下水瓶，并不是因为快上课了……

孙老师

前不久，我们班的几位同学揪掉了好几片学校的橡皮树树叶。孙老师用了两节课分析这件事。她把树叶固定在教室后的宣传栏上，在树叶上方写下“这是集体的耻辱！”孙老师说：“我是班主任，这件事首先是我的责任。咱们大家一起努力，如果我们表现好了，就得到一朵小红花，把那几个黑字盖上。”

今天，孙老师先是看看宣传栏，又看着我们，严肃地说：“同学们，咱们得快点把这几个字盖上，绝不能把耻辱带到1987年！”

同学们都不约而同地把目光投向后面的宣传栏上。当大家再转回身时，看到孙老师那期待的目光。孙老师严肃的面孔放松了，刚毅的目光中透露着信任，她好像是在我们全班回头看的那一瞬间钻进我们心里，知道我们心里怎么想的。特别是孙老师看到我的那一眼，好像是说：“班长，没问题吧？”

为了盖上耻辱，同学们吃饭又快又好，午睡没让老师废一句话。老师又给我们粘上了五朵小红花。

放学了，那几个字就像是磁铁，我不由得回过头，啊，还有四个字就全盖上了！转回头，孙老师站在教室门口，也正看着我们进步的小红花。

姥姥中计了

真香啊，爸爸买了一个猪口条（猪舌头），我们带着它到姥姥家去，一路上我高兴极了。

到了姥姥家，我拿出口条给姥姥吃，姥姥说：“我不吃那东西！”只要我们买了好吃的，她最爱说这句话。她自己舍不得吃，反倒一个劲儿让我吃。我吃了一点点。

“再吃点儿。”姥姥说。“我不想吃。”我嘴上这么说，其实想让姥姥吃。“不爱吃，下回就别买。”姥姥说着就夹了一块放进嘴里。姥姥中了我的计！

类似写同学、写老师、写父母、写亲人的练笔很多。到南开大学她为什么去扫雪？为什么去擦黑板？为什么献血？答案就在这些练笔中。

Part 6

师

以孩子为“师”。时常发现孩子身上的闪光点，时常记起孩子对我们爱的奉献，感悟孩子的童心，自觉向孩子学习，让孩子与家长平起平坐。请在这里记下孩子做过有多少让你感动的事。

发现别人的美

每一朵花都有美丽的理由，发现别人的美，自己会更美。

女儿读小学的四年中，自从班中有了《光荣簿》，她便负责记录。每周末，班主任都要让她在全班读一周的好人好事。一天，《光荣簿》丢了。

《光荣簿》是两张硬夹皮，中间是白纸，用一根鞋带串着。封面是金色的星星火炬。那天回到家我就见女儿把书包全抖搂出来，急得眼泪都要掉出来。那可是少先队大队部发的，除了班主任每周看，大队辅导员每月还要检查呢！我们劝她别着急，明天早上看看书桌里有没有。

第二天早上，女儿比每天都早到了学校。同学们一听《光荣簿》丢了，都帮她找，所有的书桌全翻了个遍，还是没有。正着急，“对不起，在我这呢！”小淘气吴昊走进教室，听说大家找《光荣簿》，赶忙从书包里拿出来。“好嘛，原来是你拿到家里去了！”“你拿它干什么，你又不是班长！”女儿一把夺过《光荣簿》，气坏了：“昨天晚上，我只要闭上眼睛，《光荣簿》就在我眼前晃……”

女儿打开《光荣簿》，就在昨天的那页上有一行字，是吴昊写的：“好人好事——王世珍在《光荣簿》上总是表扬别人，从来不表扬自己。她做的好事比我们多。”女儿错怪了吴昊，大家也错怪了吴昊。这件事，女儿写进日记里。

我们太感谢老师让她记《光荣簿》了。本来一周记一条两条就行，女儿每天都要认真地记几条。例如，“潘欣把纸篓外边的纸团捡起来扔进纸篓里”“吴昊课上进步大、美术老师表扬了”，“张萍从家里带来沙包给大家玩”，“课间来了许多一年级小朋友接水喝，王帆就让他们先接”等。一句话记一个人、一句话记一件事。有一次在家长会上，班主任孙老师说：“她记录的《光荣簿》，改变了我对一些同学的看法。我看不见的，她全写上了，而且尽是因为学习挨老师批评的同学。”

不受成人的影响，发现每一个人的优点，孩子的心地会更善良、品德会更高尚，我们十分注重在这方面引导女儿。

上幼儿园时，我们让她复述“一日生活”，常问她：“老师表扬谁啦？”“谁今天做得最好？”强化好行为对她的影响。上小学、中学，更是嘱咐她多好的孩子也有缺点，多差的孩子也有优点。老师很忙，越是“小淘气”，你就越要找到他的优点，他的优点会越写越多。接女儿回家的路上，她都会告诉我今天哪个同学做了好事，哪个同学又有进步。

即使没让女儿记《光荣簿》，我们也会让她去发现每个人的长处。每一朵花都有美丽的理由，发现别人的美，自己会更美。

学习女儿好榜样

家长也要重新捧起童话，让成熟去重温稚嫩。父母应该学习孩子的童心，让老练去回顾单纯。

是家长在教育孩子，还是孩子在教育家长？在知识上，我们无法与女儿相比；在品行上，女儿深深地影响着我们。女儿赴美国前，我们忙着帮她准备衣物。她从书架上取下一本书，开始是站着看，后来慢慢坐在床边一声不响地读进去了。

“我把这本书带走。”女儿把书放在行李箱中，这是她到美国留学带的唯一一本书。一本从一岁就开始看，也不知看了多少遍的幼儿读物《白雪公主》。一个20岁的博士研究生啊，还在为《白雪公主》而感动，因为她心中有一片纯净的白雪，没被人践踏，也没被车碾轧，那是她与生俱来的，也是每一个人原生命形态中所固有的善良，那颗未被世俗污染的爱心。

我想起她小时听《白雪公主》的情形：纯真的眼睛闪着泪花。而我，我们还会有这样的感动吗？这不就是我们每一个人与每一个孩子的差异吗？女儿的童真呼唤出我们的童真。

孩子的童真，是我们遗忘的宝藏。家长也要重新捧起童话，让成熟去重温稚嫩。父母应该学习孩子的童心，让老练去回顾单纯。在品行上，女儿给我的教育更多。女儿 10 岁那年冬天，一天晚上我去中学接她。同班的同学陆续都出来了，我左等右等就是看不见她，我走进学校，操场上净是一堆一堆的白菜帮子，那段时期每个单位到冬天都得买大白菜。远远地看见第二教学楼出来个学生，又转身回去了。一个人都没有了，教学楼全黑着灯。我紧走几步，在楼口碰见女儿。“刚才是你吧？怎么又上去了？”“我上楼拿书包去了。同学们都走了，我关上教室灯、锁好门。

在楼道差点被绊倒，有一小堆菜帮子，我们老师们分白菜了。我怕绊倒别人，就放下书包，把菜帮子抱到操场上。”女儿在日记、周记中，从来也没写过这件事。知道父母的是孩子，真情，掺不了一点水。父母的品格修养，都会化做真情的自然流露，其中就有我们的价值观、人生观、世界观。在与孩子情感的交流中，我们得到的更多。一头是孩子，一头是我们，在品行的天平上，往往是我们失去了重量。女儿读初二时，有一天放学回到家。我们见她脸色不太好，也不爱说话，肯定是有事。这种情景很少发生，我们立刻揪起心：“考试了吗？”担心她没考好。“没有。”“没和别人闹别扭吧？”“没有！”吃晚饭时，她仍然是挺沉重的表情。我实在忍不住了：“到底出了什么事？”“没事啊！”“说完了咱再吃，到底是怎么了？”女儿声音哽咽地说：“今天我们看电影《焦裕禄》了，我作为一个班长和人家差距太大了。”

能认为她只是个孩子吗？能觉得她很可爱但又很可笑吗？类似被英雄感动的情景，每个孩子都有过，每一位父母都有过。只是做父母的往往觉得自己成熟了，而成熟曾被利欲熏染。

此时的孩子，是我们的榜样。孩子纯净的心灵对高尚的追求，化作我们上进的力量。

向孩子学习，与孩子共同成长。

感激孩子

春天，向大地撒下什么，就会得到什么。爱他们吧，别讲条件，他们太爱我们了。感激他们吧，世上最爱我们的，除了父母，就是孩子。

有人说父爱是博大的，母爱是无私的。真的吗？不少家长付出的爱是要求孩子回报的，是有附加条件的，是要求孩子用“学习好”来报答的。而孩子的“学习好”，往往是满足家长一时的功利欲。

而孩子对父母的爱才是博大的、无私的，只是为了爱而爱。还是那句话，我们每一位家长每天都处在孩子对我们的爱之中，而我们即使有所发现，更愿意把它忘记，甚至认为是不屑一顾的，是不能与家长的爱同日而语的。

好在我时常记起女儿对我们爱的奉献。

1. 女儿7岁。有一天晚上，妻子上夜大，我在单位加班。妻子回到家里，女儿正在写作业。她坐在写字台前，背朝着屋门，扭头轻轻说：“我给你热饭了，就是不热。”

“你怎么动煤气灶啦？！”我们住着一间平房，煤气灶就在屋里，为了安全，从来不让女儿动。“我没动。就在柜子上呢！”

她妈妈一看，太感动了。女儿不敢动煤气灶，就把暖瓶里的开水倒进茶碗里，把发面饼放在茶碗上，再把一条干净毛巾盖在发面饼上。她以为这样会把饼弄热。

“就是太费水了。”女儿还觉得有歉意。整整两暖瓶热水呀！她全用来热饼了。她就不怕烫着？孩子对父母的爱有区别吗？有，孩子不求回报。

2. 我家离女儿上学的学校骑车得50分钟，坐汽车得倒三次，我们就做了一辆三轮车，每天一早一晚接送，冬天用件旧皮袄把女儿一裹放在车上。我戴的棉手套磨破了，两个虎口上各有一个洞，本想凑合凑合再换新的。

有一天，我照旧戴着手套蹬三轮接女儿回家。“爸，你的手暖和吗？”“嗯，还行。”过了一会儿又问：“爸，你的手不热吗？”“嗯，有点热。”回到家，我把手套往床上一扔，女儿把两只手套捡起来放到写字台上。“别放那。”写字台只能放女儿学习的用具，我走过去拿起手套。

“我想再缝缝。”原来，女儿看到我手套破了，昨天晚上给我缝过。我真是没在意。现在仔细一看，是用黑线缝的，线脚之间差不多得有一寸，跟没缝差不多。不需要她缝的和她妈妈缝的一样好，一个9岁的孩子，她的细心，足以让我们感动。

3. 女儿8岁获得天津市小学组“故事大王”比赛二等奖，随主办单位去北京看望孙敬修老爷爷。她第一次参加没有和我们、没有和同学在一起的校外活动。她带了几块钱，那天很晚才回到家，给我们带来一个西瓜，西瓜很小，沉甸甸的，像个地雷。

“老师带我们去公园，他们买冰棍儿买汽水，我嘛都没买。等回来时在杨村停车休息，我看见路边有卖西瓜的，就给你们买了一个。看看熟吗？”能熟吗？整个一个生瓜蛋子。“好吃，好吃。”她妈妈拿着勺，“我舀着吃，我得吃半个。”“不错不错，我也来一半！”毕竟这是女儿第一次独自从外地为我们买来的礼物，这是我们必须留在终生记忆里的西瓜。

每个孩子都有过这样感恩的故事，每个孩子都有对父母的最伟大的、真正无私的爱。只是因为我们一些家长把自己架得太高了，因而视若无睹。本来就认为比孩子高，这还不算，在孩子面前还非要穿一双内增高鞋，把自己架得更高，这一更高，反而使家长出现高原反应，脑缺氧，头发晕。既看不见孩子的爱，也感觉不到孩子的爱，更不会认为孩子对自己的爱更伟大。

一位读大学的女生来信告诉我："……同宿舍的女同学都用润肤品，我不用。但我非常想用，我妈妈从来不用。假期回家我给妈妈买了一瓶，她批评我，又说'你只要学习好了比嘛都强'。只要一打电话，我就问她用没用。妈妈都说'没有！'我太痛苦了，我觉得只有她用了，我用得才安稳。有一只鸡腿，她非让我吃，我怕她又提学习，就不吃。第二天，热热，还让我吃，我还是不吃。这只鸡腿最后也不能吃了，只好扔掉。扔掉了，我暗自高兴。您知道吗？我胜利了，我不要她的爱，她给我鸡腿，是让我还给她优秀的考试成绩。"

那种自上而下的、专利的、强加的、不要不行、必须偿还的父爱母爱，还能自视为伟大吗？

只有孩子们知道，而且孩子们会用家长不同的爱所造就的不同品行偿还给父母。

春天，向大地撒下什么，就会得到什么。爱他们吧，别讲条件，他们太爱我们了。感激他们吧，世上最爱我们的，除了父母，就是孩子。发现孩子的感恩，感动于孩子的感恩，每一个家庭都会充满爱。

孩子身上的闪光点

自觉地向孩子学习，是与时俱进的家教观念，它依赖于家长的素质，又提高了家长的素质。在孩子与家长的互教互学中，才能实现真正的平等。

难以启齿，但该说还是得说。

我的父亲是一名老技术工人，工资比较高，家中生活较为富裕。有三个儿子，父母就先后买了三枚戒指，旧习俗，给每个儿媳一枚。20世纪50年代初，大嫂一枚；60年代初，二嫂一枚；父母病故后，留下一枚最大最好的，当然是给我们的。我们结婚十多年之后，二嫂突然说，当年婆婆确实给过她戒指，但她没有要，现在想要。

简叙节说吧。二嫂说得对，而且她又有病，二哥实在没办法找到我，背着二嫂给了我500元，要我们把戒指让给二嫂。因为是老人留下的，起初我爱人不同意，我也不愿意。兄弟间手足情深，我不忍两个哥哥为难，难免与爱人为戒指争争吵吵。说实在的，在手上戴了十来年的结婚戒指摘下来，让给别人，放在谁身上都不愿意。

一天，我和爱人又为此吵闹，惊动了女儿。女儿12岁了，平时学习很紧张。

“吵什么？”

“快学习吧！没你的事。”她妈妈说。

“反正你们有事，都吵一天了，我看得出来。”

“好吧，”我把事情整个经过告诉女儿，“你说怎么办好？”

“你们愿意不愿意要这个戒指？”

“愿意。”

“有什么用？”

“给你留着。这是爷爷奶奶的遗物，本就是留给我们的，我们要就是将来给你呀！”

“你们给了我生命，我一生都无法报答，你们要是再给我留东西，不是增加我的心理负担吗？身外之物，我不要，你们也别要。我二娘有病，就让我二大爷带走吧！”

一枚戒指，说说谈谈一年多，一枚戒指，吵吵闹闹一年多，女儿一句话，蓝天白云，小桥流水。她妈妈说：“我的闺女，随我。”我说：“我的闺女，随我。”谁随谁呀！我们两人的思想、观念，就在此时此事，都随了女儿。

后悔呀，我们早该问她怎么办。

只是向孩子学习还不够，应该自觉地向孩子学习，从孩子的品行中，找出我们自身的不足。千万别把孩子的优点当做“天真”来对待，更不要当家长的错误受到孩子优秀品德的冲击后，明明产生了斗争，心里肯定了孩子，却又装出若无其事的样子。孩子比我们好，就是比我们好。

孩子有许多优点是我们不具备的，这是客观事实。自觉地向孩子学习，是与时俱进的家教观念，它依赖于家长的素质，又提高了家长的素质。在孩子与家长的互教互学中，才能实现真正的平等。没有平等就没有教育。家长自觉地向孩子学习，孩子才能和家长平起平坐。

热爱小动物

我坚信一句话：一个热爱小动物的人，是一个心地善良的人。

暑假，女儿上小学二年级，班主任老师来家访，“你在玩什么呢？”

女儿蹲在家门口，堆起一个拳头大的沙堆，说是沙堆，其实有沙子、炉灰渣、煤灰，都是从墙根儿扫出来的，“给蜻蜓修个坟头儿。”女儿要站起来。

“接着玩，接着玩，我看看。”老师弯下腰，“嗬，还有个墓碑呢。”那是女儿找来的一块小木条，她用彩笔写着“蜻蜓之墓”。她不懂墓碑应放置的位置，就直接插在“坟头儿”上。“这是怎么回事啊？”老师很有兴趣。原来同院一个比女儿大十来岁的“三哥”给了她一只大蜻蜓，我把它拴上线系在小棍儿上，女儿拿着玩，一不小心，我家养的一只名叫咪咪的猫，突然蹿出来，一口咬住蜻蜓，女儿奋力举起小棍，咪咪紧紧咬住不放，赶走咪咪，蜻蜓只剩下一半儿了。女儿哭了，就把那只蜻蜓埋了，堆了个坟头儿，竖个墓碑。

“你把这件事写下来，表达你对蜻蜓的爱。”老师听完了女儿的叙述，看到了女儿的善良，又对我们说：“常听她和同学们讲家里饲养小动物的故事，这样好，爱小动物，就是热爱生命。”后来，女儿写下《一只蜻蜓》，经老师推荐在《小学生作文》上发表，并且又被《小学生优秀作文选》转载。

在饲养小动物的过程中，女儿萌生对生命的热爱和尊重，这是人的品德之中最核心的内容。对于一个低级生命都尊重、爱护的人，能尊重每一个人。

我们曾饲养过一只小乌龟，由于没有经验，它不吃东西，但样子还挺健康，我们决定把它放到海河里。到了河边，女儿捧着小乌龟，说："祝你幸福，祝你自由。"放到水里。然后，我们就去河边的儿童乐园玩。

大约两个小时后，我们沿着河岸往家走，"爸爸，快看，咱家的小乌龟！"那只小乌龟已经游到岸边，"快救它上岸！"女儿一直惦念着小乌龟，所以她一直朝海河里看，听了女儿的话，我四下张望，找到一根枯树枝，蹲在岸边，想把小乌龟拨到岸上，河堤全是石头砌的，而且接近河水的地方长着青苔，非常滑，我坐在岸上，侧着身，把腿伸下去，这样就能够着小乌龟了，突然，一下子我就掉进海河里，没了头顶。正值秋天，浑身湿透了。"别怕，我没事！"我游过去，把小乌龟扔到岸上，又往前游了一段，找个不滑的地方爬了上来。

那天，我们是走着去海河边的，回家的路上，女儿托着小乌龟，我浑身湿漉漉的，怕被熟人碰见，"走快点，走快点！"我不住地催促女儿。回到家，她妈妈说："你们不是放生去了吗？怎么又把它捞上来带回家呢？"对呀，小乌龟它游它的，我们为什么想都没想就把它捞上来呢？它又不是落水者？那是它生活的地方啊！

出于对小动物的爱，她懵了，我也懵了，我对我们的行为都无法解释。我坚信一句话：一个热爱小动物的人，是一个心地善良的人。

“我的爸爸妈妈”

明媚的阳光斜射进屋子，照在妈妈脸上。她就是闲不住，手里又在织一件雪白的毛衣。

爸爸妈妈，是孩子们作文中最常见的题材。爸爸妈妈的言行，是孩子作文里最常用的素材，从作文中可以看到父母的品行对孩子们的深远影响。下面是女儿在初中时写的三篇记叙文。

闲不住的妈妈

辛劳一周了，谁不想把自己的星期日安排得轻松些？我妈妈越是星期日，越是闲不住。“起床吗？起床吧！”妈妈喊了我几声就出去了。今天不上学，用不着快节奏了。我慢腾腾地起床后，正洗脸，妈妈提着篮子回来了。我掀开锅盖儿一看，嗬，豆腐脑！一周的早点净是点心、面汤，这回可换换口味儿了。妈妈想到我心里去了。

吃完早点，我写作业，爸爸看报，妈妈戴上套袖、扎好围裙，开始收拾“小院”——我家放破烂儿的一小块二三平方米的地方。“小院”一个冬天没动了，烧剩的蜂窝煤、空罐头瓶子……乱七八糟地堆放着。我走到妈妈身边，想帮帮她。她说：“你好好写作业去，我身边越有人，干起活来就越乱。”写完作业，我出来再看，“小院”井井有条，显得宽敞多了。正月已经过去，可我们家门窗上依然年味十足：吊钱还吊着，窗花还贴着，肥猪还拱着。妈妈开始擦玻璃，她用小刀轻轻地揭“肥猪”。“别把猪蹄刺断了！”爸爸说。过了一会儿，妈妈挺惋惜地说：“猪蹄没刺断，猪尾巴倒掉下来啦！”妈妈揭下“肥猪”，一边往玻璃上呵气一边擦。

我把妈妈拉进来：“您一上午没闲着，歇会儿吧。”“好好好。”妈妈坐在炕边上。明媚的阳光斜射进屋子，照在妈妈脸上。她就是闲不住，手里又在织一件雪白的毛衣。

丢三落四的爸爸

一连几天，妈妈发现我掉头发，上星期日告诉了爸爸。爸爸蹬上三轮带我直奔公安医院，医院公休。爸爸想了想说：“走，儿童医院！”在儿童医院看病，得先到鉴别处，大夫给我们一张写着“皮肤科”的小条。爸爸问：“几楼？”“二楼。”拽着我匆匆登上二楼，像是暑假旅游时赶火车。

大夫接过那个小条：“怎么没挂号？”“对不起，对不起。”爸爸不住地点头，“我以为这个小条就是了。”说着领我从屋里出来，让我坐在门口的椅子上，赶忙下楼去了。

不一会儿，爸爸拿着挂号条回来，领我进了诊室。大夫问：“刚才那个小条呢？”“我挂号时给大夫了。”“还得要那个条。”爸爸又要领我出来，大夫说：“坐这吧，我先给她看，你下去把条拿来。”又冲着正笑着看我们的另一位大夫说：“这个人。”爸爸又一次下了楼。

爸爸第三次上楼，把“皮肤科”的小条给了大夫。大夫说：“不要紧，吃好了，按时睡觉，开点药水抹一抹。”爸爸还不住地介绍病情，总是问：“没事吗？不要紧的吧？”

下楼时，爸爸神秘地告诉我：“刚才我没敢说，我找挂号处要那个小条，人家说我没给她。我想到鉴别处再要一个，又怕人家不给，我就想上来跟大夫说说。上楼时一掏挂号时找回的钱，原来在钱里夹着呢！”我们都笑了。

为了我，他才急得这么丢三落四，我爱爸爸。

我心目中的爸爸妈妈

经常有人这样问我：“你爸爸妈妈谁好？”“都好。”“只能说一个，谁最好？”我想了想，还是说：“一样好。”

爸爸最突出的特征就是个儿矮。爸爸路上常停下来去买菜，我坐在三轮上，看见爸爸排队站在最后，一会儿就看不见他啦，后面只要来个人就把他挡住了。不过，我觉得他很高大。

我家离学校很远，爸爸每天蹬着三轮车接送我。同班的羡铁钧住十一经路，她父母也都上班，没法接送，爸爸每天就带上她送我们俩到校。不管多大的风雨他都这样，已经两年了。

冬天，天空飘着鹅毛似的雪花，上桥时蹬不动了，他就下来，推着走，也不让我们走一步。一次下大雨，爸爸带来两件雨衣，让我们俩披一件，自己披一件。到了羡铁钧家门口，爸爸脱下自己的雨衣让羡铁钧披着回家，羡铁钧扭过头来，还要说什么，爸爸蹬着三轮走了。

雨点打在我的雨衣上，也敲打着我的心。我赶紧脱下雨衣，要给爸爸披上，他却说：“不要，不要。”还瞪我一眼，三轮蹬得更快了。

在我心中，爸爸能不高大吗？

要说妈妈，我自豪地告诉你一件事。那次我和妈妈去买东西，一位售货员阿姨说：“好嘛，这位大姐真帅，服装模特赛的。”她只是外面穿着黑西服，里面穿着白色羊毛衫。妈妈长得端庄，她的心灵更美。

春节前，大姨、舅姥姥、表舅妈的衣服都是妈妈给做。一有空，她就在缝纫机前忙碌着，做完一件又一件，比给自己做还仔细。这两天大姨请俩南方来的裁缝到家做衣服，可没有时间给人家做饭。妈妈就让人家到我们家来给大姨做，她中午赶回家给人家做饭。我常气呼呼地嘟哝着，怕妈妈累着，她却说："应该互相帮助，咱还不知什么事麻烦人家呢！"

我心目中的妈妈，是美的化身，从外表到心灵。

爸爸妈妈助人为乐的品质深深地影响了我，他们是我最敬爱的人。

高挂"免战牌"

从小的超前学习，已经形成习惯。有一股自发的力量推着她向前。

接到南开大学入学通知书，全家又激起新一轮的兴奋。在这之前，当时负责招生的老师已经通知了我们，并说，女儿是天津 12 名考生中成绩最低的一个，对她能否跟得上学习略有担心，但最终还是下决心录取她，试一试。

那份通知书让我们这儿没有一个正式大学生的工人家庭沸腾了。女儿的伯父热泪纵横："爷爷在天之灵也高兴啊……"她妈妈那一边儿，只是不停地说："好，好。"没有读过大学的女儿的老舅，拿着通知书，从头到尾，一遍又一遍地看，比欣赏他的邮票还专注。

我忘不了通知书上那一幅图：绛红色的大海，深红色的天空，中间一轮喷薄而出的、金光灿烂的太阳，点点海鸥在展翅飞翔。

是这幅图画的启示？是伯父纵横的热泪？还是老舅倾心的神态？或许是老师“天津考生最后一名”的提醒？催生了“免战牌”之举。

当晚，女儿对我说：“爸爸，从明天开始，你们一定用锁头把我锁在屋里。同学们找我玩，一看锁头，以为家里没有就走了。我得开始读书，做好大学开学的准备。”

高考后，填完志愿，等待通知的日子是最难熬的。想也没用，孩子也不知道愁。同学们天天挤到我们这间平房玩电子游戏，有保送清华的，有保送天大的，玩疯了。

第二天一早，她把一张卡片用图钉按在门上，上面写着：

免战牌

各路豪杰，我已接到大学录取通知，自今日起游戏大战停止，开始复习做开学准备。

直沽女侠王世珍

我说：“你这样做，是不是有点过了？”

“就得这样，别看到我这玩的人都能考上大学，他们在背后的准备，咱知道吗？”

屋里，只开着一盏昏暗的台灯，多少有点儿“软禁”之感。我不忍心：“别锁门了。”

“不行，就得这样，有两天碰锁，他们就不来了。对了，电话我也掐了，还有，中午你们别往回赶，暖瓶有热水，早晨剩的饼、菜都有。别往回跑啊！”

“你现在都学嘛呢？”我们谁也不知道生化专业开什么课，又没有大一的课本。

“把高考前复习的各科过一遍，再想想高考时分是怎么丢的，起码从现在就恢复高考前的学习状态。”其实，离开学还有二十多天！从小的超前学习，已经形成习惯，有一股自发的力量推着她向前。

女儿爱读《岳飞传》，其中常有些血气方刚的小将迎敌心切，飞马赶来，把元帅的“免战牌”砸了。而她高挂起“免战牌”，是在迎战，骑着汗血宝马，舞着一对金锤奔向新的战场……

幸福属于我

女儿也许不一定成为大科学家，也许不一定成为企业家，但她会生存，能合作，有发展。

女儿有许多让我们欣慰、让我们激动的故事。然而，只要想起来，就使我们沉浸在幸福之中、像是品着陈年美酒一样的，却是那次擦黑板。

那是读大学的头一年，开学一个月后，她告诉我说：

“大学和高中可不一样，前两节在这座教学楼，后两节就得骑车往那楼赶。那天后两节是数学课，我们走进阶梯教室，前两节另一个系的课刚下，黑板上写满粉笔字，也没人擦。还没打上课铃，老师还没来，二百来人的教室里说话声嗡嗡的。”

“我坐在最前排，拿起板擦走到讲台上擦黑板。这不跟上中学一样吗？好么——霎时，教室里一点儿声音也没有。我以为老师来了，看看，没来呀！再扭头，身后所有的人都在看着我。”

“我照样擦我的，不就是擦黑板吗？”

这是她给我讲的最使我神往的故事。我在女儿的中学里见过那样的阶梯教室，宽敞、明亮，讲台是教室的中心，像是一把巨扇的扇柄。站在讲台望去整整齐齐的桌椅一排比一排高，视野很开阔，可以看清每一个人。

我似乎飘飞到那个教室里，也要看那擦黑板的女孩子。那坐满的同学之中也有我。就在那刹那间，我似乎感到大家都不约而同地屏住呼吸，用平静、柔和的目光，审视着这个女孩儿，以至于我的心灵也有一下莫名的震动。我幸福、陶醉，我觉得自己的神魂久久地飘舞在阶梯教室里。那一刹，那一定格，永远属于我，永远。

品行，就体现在细节上！

以后，她又陆续讲了几个故事。读大四时，她已经保送留校直接攻读博士学位。寒假前下了一场大雪，大一的同学们都拿着铁锹铲路上的积雪。女儿从实验室出来，拿起一把铁锹和不相识的同龄人一起铲雪。正干着，来了一位老师，“你是哪个专业的？”当知道她是研究生时，惊讶地说，“原来是你呀！”

女儿告诉我：“学校里的活儿，差不多都找大一干。我天天得从那条路走，咱本来就有责任。”

女儿还不到18岁，就跟着同学去献血，我们建议她再考虑考虑，她说：“哎呀，我是学这个的。什么事也没有。”坚定地去献了。

前不久，她的导师到美国工作访问回来，对我们说：“你们放心吧，在美国大家都夸她好。我怕人家看到人多，碍于面子不好说，单独问时，还是都夸她。她特别爱帮助人，只要有中国留学生来，她亲自开车到机场接，帮助租房子。”

听着老师对女儿的赞扬，我们心里就是美滋滋的。回到家，我们一次又一次复述老师的话——美！

女儿有一次来电话说：“我们实验室来了个国内名牌大学的女生。我给她打电话，哭了，说害怕，窗帘也不敢拉开。我说你别动，我马上开车过去。”

她还说：“周围的人都问我‘你为什么搞科研呢？你的交往能力那么强，应该到公司里去干’。”

女儿也许不一定成为大科学家，也许不一定成为企业家，但她会生存，能合作，有发展。对此，我坚信不移。品行，是成功的基石；道德，是发展的根本。

1998 年 9 月，女儿在南开大学打电话告诉我们，耿老师决定马上公派她到美国留学。2002 年 11 月，她从美国打来电话，告诉我们她可以去约翰斯·霍普金斯大学、加州大学、哈佛大学等五所大学做博士后，做父母的听到这样的喜讯，当时是何等激动！

然而，擦黑板的故事，让“留学”，让“博士后”的喜讯，成为平淡。

为什么？

仅仅是因为我搞了 30 年的中学德育吗？

不上“收容车”

我想：也许我这一生就这一次行军，要是上了“收容车”，我还不得后悔一辈子！

女儿考进南开大学后的军训活动之一，是从学校走到杨柳青，来回几十公里，她和比她大四五岁的同学们一起走。记得那天，她是穿着军装回家的。到家脱下鞋，双脚全是挤扁的水泡，有的还流着水，疼得我们钻心。她说：“……走得我只觉得两条腿成了两根木棍儿，没有脚了，没知觉地向前迈着。有的同学上‘收容车’了……”“你怎么不上呢？”“不行，我想：也许这一生我就这一次行军，要是上了收容车，我还不得后悔一辈子！”我们无话，是高兴？是心疼？是自豪？是愧疚？“一进南大校门，我一步也走不了了。同学们把我搀扶到宿舍。”妻子的眼里充满泪水：“快躺下，我给你擦擦脚。”“不行，我这就得走，一共就两个小时的假。”她是一瘸一拐地搬车过了铁道，然后骑上车走了，直到她拐弯，看不见了，我们才转身回家。

不久，她带给我们一张奖状“南开大学军训优异生”。这是升入大学的第一个奖状。

她与疼痛较量的意志，很快地体现在学习上。

“每天晚上教室、宿舍都十点熄灯。躺在床上，听到躺在上铺的同学‘咔’地响一下，人家不睡，在听外语呢！这种直接的感官刺激你受得了吗？人家都比我分高，还那么刻苦呢！我别的不行，起码在学习时间上能超过她们吧！十点以后，从教室回来，我披着棉大衣，在宿舍的楼道里看书，等她们都睡着了，我再进屋上床。”

还有一次，她说：“天一热人就犯困。中午我们都把饭打回来，在宿舍围着桌子吃。我在下铺，吃完一推饭盒，躺下就想眯一会儿。人家上铺的同学也躺一会儿，然后轻轻地下床，自己到教室看书去了。我不行，沾床就想睡。干脆，我就不回宿舍吃饭。在食堂吃完饭，找个塑料袋，把饭盒装里头，用锁头往食堂窗户栏杆上一锁，就直接到教室复习去。我叫你困！还真不困了。”

我真去过南大食堂，看到挂着她饭盒的栏杆。不由得想起两件小事——女儿学会走路不久，带她到路边散步。走几步，她就说：“我肚子疼。”我只好蹲下，背着她走，学着大马，把她颠起来，她咯咯地笑，肚子也不疼了，其实根本没疼。

过了一段时间她说：“咱玩‘背抱走’好吗？”我没明白，“就是背我一会儿，抱我一会儿，我自己走一会儿。”

“不行，得改成‘背、走’，‘抱、走’。”她同意了。

她自己走完一个电线杆子远，我背她一个电线杆子远。这样过了一段时间，我又琢磨让她自己走。

我在路边找到一个小木块，捆上绳子，斜挎在她身上，让她拉着说：“你当大马拉车。”

一拉就是十来个电线杆子远。

自己能走，家长绝不能抱，体育活动最能磨炼意志。在幼儿园，一个小男孩拍球比赛第一，这个比赛是老师课上临时加的——“看谁拍得多”。女儿拍不过那个男孩，又不服气。我告诉她那男孩的爸爸是体育老师，他经常在他爸办公室拍球，拍的时间长了，就能拍得又快又好。我们买来一个排球，排球又轻又大，好拍。每天晚上都到马路边去拍，一次至少一小时。两个星期后，从开始只能拍七八个，到能拍上千个。

上幼儿园我们每天带着排球，专找那个男孩比赛。比一次还不行，还得比。有一天那男孩的父亲在幼儿园门口看见女儿，说：“我们服了，还不行吗？”

游泳时，“畅游长江”，远游练意志；习武时，“压腿十分钟”，用意志克服酸疼；“仰卧起坐”，坚持到“最后的挣扎”……总之，体育活动锻炼意志，而意志品质与品行无关吗？有关。

这是锁在食堂栏杆上的饭盒告诉我的。

“35 分钟”的困惑

每当她译完一节或一章，或者完成自己预定的进度，她总是高兴地哼几句歌。那一个多月，深更半夜，我们家常传出她的歌声。

有一位同学，从小学至高中都和女儿在一个班。高考后，他考到天津市内的一所重点大学，苦读 4 年后，考入南开大学读研究生。这位同学的家离南开大学较近，骑车 15 分钟，我家到学校骑车得 50 分钟。

女儿对我们说:“现在都是研究生，在同一起跑线上，我要是每天回家，路上就得比他多用 35 分钟。”有什么办法呢？我们也没有条件换离学校近的房子。

我们就劝她说：“不就是 35 分钟吗？咱们晚睡 35 分钟……”“人家还晚睡 35 分钟呢！”“咱们少看 35 分钟电视。”“你以为人家就比我多看了！”“咱们……”“行了，行了，什么办法也没有，路上浪费 35 分钟就是浪费了。千万别指着人家每天也浪费 35 分钟。这就是差距，还没正式开学，时间上咱就输了。”“万一他玩的时间比咱多……”“我不是说了吗？别把自己的成功寄托在别人的失误上。”

“那怎么办呢？”这 35 分钟，说得我要着急了。

“没办法。只能自己别扭一阵子。”绕了一大圈，我们也只能跟她一起别扭。当然，我们只是别扭一会儿。我说:“没问题，你就继续努力学。”

“努力学也赶不出来那 35 分钟。人家谁是傻子？谁不学？”

我们看到女儿第一次因为时间而伤感，这是我们和女儿第一次针对时间的没有答案的对话。

在无话可劝时，我们分担女儿的痛苦只能是无话可说。她学她的，我们做我们的，都不出声，屋里的空气也是别扭的，钟表滴滴答答地响着，它并不知道，今天的凝重，全是因为它。

女儿对时间的珍惜，令我们感动。她妈妈悄悄告诉我：“把刚才她说的话记下来。”

读研究生第一个学期，导师让她翻译美国《基因操作》一书。女儿对时间的有效利用，使她提前圆满地完成了任务。

女儿读本科时就过了英语六级，专业英语成绩也是最高的，但是要翻译一本原版巨著困难很大。19 岁，成人了，可她还像小学生一样，原打算在寒假好好看看电视，这是她接受的第一个困难任务。

她对我们说："平时你们该看嘛就看嘛，你们看电视影响不了我。我只看除夕晚上的联欢会。"

我们屋子里比较冷，蜂窝煤炉子烧旺了，也得穿着厚毛衣、毛裤。女儿还套上一件棉坎肩，书桌上一本原著，一本厚厚的英汉辞典，一本稿纸，一个不锈钢水碗，开始了翻译工作。

女儿每天只睡 5 个小时，埋头一个劲儿地写。除夕吃晚饭时，才打开电视，痛痛快快看了几个小时电视。一个来月，翻译出二十多万字的书稿。

三十多天，她极少说话。可是每当她译完一节或一章，或者完成自己预定的进度，她总是高兴地哼几句歌。那一个多月，深更半夜，我们家常传出她的歌声。

她的专业英语本来就很优秀，通过在寒假翻译出这本书，专业英语水平就更高了。

在美国留学时，女儿的导师应邀到加州参加那个课题的国际研讨会。导师告诉我们："她宣讲论文后，我身边的美国教授问我：'你的这个学生会说汉语吗？'"若不是导师让她翻译《基因操作》，她的专业英语能这么好吗？

在留学期间，她还挤时间参加《生物化学》教科书的写作，写了其中的一章。

有时我到了新华书店，就在大学教材中找出那本书，看看里面作者的名字。

"35 分钟"的伤感中凝聚着奋进的力量。

不断反思

好习惯像识途的骏马，能驮着孩子奔向我们期望的草原；坏习惯像一阵不可控制的狂风，吹着孩子飞快地跑下斜坡。

家长越是反思自己在教育孩子上的问题，不断调整自己，孩子的不良习惯就越能得到矫正。我们开始进行反思，是因为接连发生的三件小事。

有一年人民公园办年货市场，女儿4岁了，路过一个卖卓别林饰演的小丑面具的小摊，女儿非要买一个不可。我们家有孙悟空、猪八戒……不下六七个面具了。再说，那阵儿都还不知道卓别林是谁，我们不喜欢那个人物。女儿死活不走，闹得周围人都看，我脸上挂不住了，抱起她就往公园外走，想到公园外再转移她的注意力。

出了大门，刚放到地上，女儿转身就跑进公园里，出入的人很多，女儿跑进去了，收门票的把我拉住，好说歹说才放我进去。在卖面具的小摊前，女儿正等着我呢！

买了，回到家我告诉妻子。她笑了："你肯定给她买。你忘了上次吃香蕉了？"

每天晚饭后，我们开始教孩子刷牙、漱口，想让她养成良好的卫生习惯，在这之前，都是晚饭后讲完故事做完游戏，给女儿吃个水果。有一天刷完牙，临睡前，女儿说：“我吃香蕉。”桌上有香蕉。我说：“不行，刚刷完牙！”

“我就吃！”

“‘就吃’也不行！”

“我吃香蕉！”

“不行——要不——就这一次啊！”

“哈哈哈……”妻子一直没说话，一直看我会怎么做，“我一猜你就这么说。”

每次都是我向女儿让步。再说家里那些面具，没有一个是女儿让我买的，全是我自己买了带回家的。

我这才注意到习惯问题。认识到女儿的任性，是我一手造成的。

晚上必须吃水果的习惯，也是我一手造成的。同类型的做法不断重复，就会形成习惯。夏天，我常带她到一座公园，每次都是在公园里玩够了，出公园门口时，给她买一支冰棍儿。有一次是冬天，从公园出来，在门口非让我买冰棍儿，门口并不像夏天时有卖冰棍儿的，这就是条件反射，习惯自然而然就表现出来。

从这三件小事中，我们意识到，习惯的力量太强大了，好习惯像识途的骏马，能驮着孩子奔向我们期望的草原；坏习惯像一阵不可控制的狂风，吹着孩子飞快地跑下斜坡。

有一年暑假，我们单位到南方旅游，同车的张老师的儿子成了我学习的榜样。他叫凯凯，上小学三年级，我们俩在汽车里紧挨着坐在一起。

他每次吃糖都是把糖纸先对折一下，然后再放进口袋里。问他为什么，他说：“对折一下，黏的全在里面，不会弄脏手。我这个口袋是糖，另一个口袋是糖纸。”我自叹不如，这孩子太可爱了。

快下车时，张老师喊凯凯：“糖纸呢？”两手撑开一个塑料袋，凯凯把口袋里的糖纸、果皮全掏出来放进塑料袋里。凯凯的好习惯，是他妈妈培养的结果。

我不如凯凯。平时我极少嚼口香糖，有时别人给一块，剥开糖纸一扔就嚼，嚼完就吐。偶尔一次才看见口香糖包装上有图案提示，要把嚼过的口香糖放进糖纸里再扔进垃圾箱。我就开始注意了，先把糖纸放进口袋。有时吐完了以后，才想起口袋里有糖纸，甚至有时是在洗裤子掏口袋时才发现的。这个坏习惯纠正起来竟这样难！如果像凯凯一样早就养成好习惯就不会有今天纠正坏习惯的痛苦。

我还是想出一个好办法，只要嚼口香糖，就团半张废报纸放进上衣口袋，嚼完很容易想起来，那一大团报纸放在上衣袋里不好受呀！

现在嚼口香糖，我很文明。

几年之后，在楼道遇到凯凯的妈妈，“孩子快中考，真累呀！”“可不，每天得十一二点。”“我在外讲课常讲凯凯的故事。”“现在更好啦。我们买了个小小神童洗衣机，他每次都是自己洗衣服。才有意思啦，第一遍放消毒水，漂洗时还放‘精纺’。他爸每次洗衣都喊他，大洗衣机他爸还不会用：‘儿子，给老爸把洗衣机开开！’”

“再告诉您一个好消息：在初三全国联赛中，他获得天津赛区化学一等奖，数学、物理二等奖。如果是往年，能保送中学理科实验班。今年不行啦。”她说得很平静。

当好的生活习惯成为随手一做时，就是能力，就是素质。好的学习习惯只是它另外的一种形态。他爸也是老师，但老师的孩子成绩平平者众。他们俩在各自的单位从不争个脸红脖子粗，和谁都乐乐呵呵。父母是好习惯的老师，和谐是好习惯的沃土。

人的一生就是不断改正坏习惯养成好习惯的一生，孩子形成好习惯靠家长，纠正坏习惯也靠家长，靠我们在反思中生成的教育智慧。

其实，我们都有非常好的习惯。我爱看《今晚报》，每次都是先粗略看一遍标题；晚饭后再细看一遍；最后把好的剪下来再看一遍。当天就这样看三遍，有时间再把剪报本看一遍。坚持了十几年，形成习惯了，不这样还不行。

把好习惯传给孩子，靠我们平时的持之以恒。

为美国老太挑西瓜

这是我在美国的故事，我要让每个人都知道。

到美国后，我不止一次地对妻子说快点回去，我受不了了。我受不了女儿的约束。在超市里，我和妻子说话，女儿会马上把手指竖在嘴唇上："小声点儿。"我在国内就是这样，甚至说话的声音还要大。没过一会儿就忘了女儿的要求，见到新鲜商品又嚷起来。女儿皱起眉头给我警告。到餐馆吃饭也要小声说话；站在自动扶梯上要靠右，给那些嫌扶梯慢而要快走的人留出空儿；排队结账时，要距离前边交银的人大约一米。

在纽约的两次经历我就烦透了。在世贸大厦原址前有块空场地，有许多盛开的郁金香和排椅。有一位白人老先生坐在排椅上，离他不远，隔着一个人的距离还坐着一个人，这张排椅至少可坐下四人。我累了，走过去挨着老人坐下，老人朝我微笑点点头。

“别坐下。”女儿把我叫起来，往前走了走，那有一张空排椅，让我坐下。“不要紧挨着别人坐，没有相隔一米，起码也得空出一个人的位置，这是礼貌。”

“他坐他的，我坐我的。在国内这张椅子能挤下六个人。”我只是在心里这么说。够腻人的吧！

在自由女神像前，我又犯错了。我们坐在女神像基座的草坪边上，拿出带来的午餐，正要吃。一群海鸥就俯冲下来，有的落在周围，有的在头顶盘旋，我和妻子惊奇地喊着，笑着。引得持枪荷弹的美国警察先警惕地看着我们，然后相互微笑，摇摇头走开。女儿又一次提醒我们：“小声点儿，这是公共场所。”

“公共场所”不能不让别人说笑呀！女儿拿着面包喂海鸥，有一只落在她的胳膊上。

也许她是对的，我在国内类似的举止，没有人制止过。

习惯的行为一旦突然被制止真的让人不好接受。外国人也许不适应我的举止，但我的内心是火热的、和善的。很快，就有了一次表达热心肠的机会。

那是在美国巴尔的摩的一家超市里。女儿带我们去买东西，路上她就告诉我让我抱一个西瓜。西瓜不论斤，论个儿，5美元一个。女儿和她妈妈去买蔬菜，我看到了西瓜。西瓜放在一个好大的木桶里，得有十多个。既然是论个儿，当然要挑最大的。

桶口最上层有几个瓜，差不多大，压在下边的会不会更大？木桶外边有一块木条踏板，我踩着踏板，弯下腰一个一个拨拉，终于找出一个自以为比较大的。刚放到购货车里，就听身后有人说话，是一位白发老妇人。

我不懂英语，女儿匆匆走过来，听明白了，对我说："她请您帮她抱一个西瓜。"

第一次有美国人请我帮忙，又是一位老年妇女。我立刻弯下腰在木桶里拨拉，一定要给老太太挑个大的。

"NO……"老妇人又说话了，我听不懂，但听到了"NO"。女儿说："她让您按顺序帮她搬一个就行。"我还以为那老妇人见我挑得大才找我。

"买菜也是一样。"女儿又教导我了，"货架上的蔬菜要买就直接拿，不要翻来捡去的。"

花同样的钱，挑大个的，天经地义呀！别人这样挑，我也不反对呀！这就是融于我血液中的起码的价值观，是我不假思索的几乎本能的行为。然而，在美国却受到女儿的指责。

自己的坏习惯，往往是别人看得最清楚。我们习以为常的观念和行为中往往存在着根深蒂固的陋习。

回国后，我想做一把绅士。在沃尔玛超市，在收银台前，我距离交银的女士一米左右。后边马上有人说："往前走。"我装作没听见，就觉得购物车碰着我的腿，又是一句"往前走"。

有比较才有鉴别。家长的、孩子的坏习惯，自己看不清，别人看得准。我们要虚心听取别人的意见和建议。

我们自己和我们的孩子，都有责任把道德化作良好的行为习惯。

为孩子而读书

孩子诞生的那一天，也是我们成为父母的第一天，父母与孩子是同一天诞生，共同成长的，为了“父母”这个职称，家长要多读几本书，拿到教育孩子的“文凭”。

据统计，自改革开放以来，仅在美国留学的中国学生近20万人，再加上每年考入国内名牌大学的，二十多年累计起来的数字是惊人的。假如，每个学生家长都写一本教子经验的书，那书就成了沙滩上的沙粒，一脚下去就踩住上万个。当前，应该大声向家长疾呼：为了孩子而读书。

理论才能解决事物的本质问题。我国一大批专家学者，从我国青少年成长的实际出发，集广大教师、家长的智慧，站在世界教育科学的前沿，研究出一大批优秀的教育理论成果，这是现成的教子方法，哪一本都比家长讲得更深刻。如果家长潜心精读几种，就会构建出自己的家庭教育知识体系，然后边教子边学习边思考，不断自我纠偏，何愁自己没办法，何愁孩子不成功。

《早期教育与天才》一书，是我教子的启蒙读物，我接受了书中早期教育的思想，并按书中的方法对女儿进行早期教育。

“非智力因素与成才丛书”，是由教育心理学家沈德立先生主编的，共5个分册。这套丛书对如何全面培养孩子的素质，做了详尽的阐述。当女儿晚上写作业时，我就翻这套书，它伴随我和女儿的成长。当《学习的革命》风行时，我就感叹这套书比它强多了，中国的学者啊，不懂市场，不会包装。

《中学生科学的学习方法》的作者龚正行，是北京八中的校长，专门研究中学生的学习方法。从女儿9岁上初一开始，我就是按书中的具体方法来指导孩子学习的。后来又读到司有和著《少年大学生奥秘》，丰富了我学习方法方面的知识。

除了这几本书外，我经常阅读报刊上的教育文章，使我的教育观念、教育方法适合孩子的发展。当时的教育专著非常少，只要有，我几乎都买来读，陆陆续续读了许多。

女儿已经做了博士后，我仍然买教育书，读教育书。孙云晓先生的系列著作，袁定国教授主编的教育丛书，朱永新先生的教育论述，赵石屏先生、关颖先生的家庭教育专著等。诸多学者教授的真知灼见，不断使我的家教经验升华，也使我的家教教训升华，形成我的家教理念。确切地说这是我学习教育理论的体会，是实践教育理论的经验和教训。

在读与做的同时，我还坚持写。对孩子说话举止发展变化进行极简单的记录，可能就一句话。有时间就写得长一些，把孩子一周、半月的进步认真总结一下，为什么会有进步？验证了哪些理论？进步会使我们对先进教育理论坚信不移。为什么孩子会有退步？教子方法如何脱离了孩子实际？孩子的成长就在一个又一个问题的解决之中，我们就会反思自己，调整自己。经常这样做，经过多次循环，养成了习惯，形成了信念。

我有时还忌妒现在的家长，要是早有这么多的书多好，我的女儿肯定会更好。

孩子诞生的那一天，也是我们成为父母的第一天，父母与孩子是同一天诞生，共同成长的，为了“父母”这个职称，家长要多读几本书，拿到教育孩子的“文凭”。

多写教子笔记

教育的智慧、教育的能力、教育的水平都来自家教实践中的不断反思。

思想，坚持与时俱进；行动，做到持之以恒。何愁培养不出好孩子！首先就是学习。

1. 读报。我家订了《今晚报》，我再忙也要浏览第一版。打开电视，“新闻联播”必须要看。读长了，就读出家教资源，看长了，就看出家教理念。媒体的作用一是间接的，因为父母的素质是孩子整天面对的教育环境，提高了父母的素质，就是优化了教育环境；二是直接的，无论是经济建设，还是精神文明建设，其中的观念、方法无一不与家教有关，有不少都可直接借鉴。

2. 读一两本家教专著，或者订阅家教报刊。我们读过《非智力因素与成长》丛书，《中学生科学的学习方法》等十几种专著。并结合孩子的实际在书边上记笔记。理论问题才是事物的本质问题。不是让我们熟记多少原则，而是知道怎样做是对的。

3. 学别人家教的先进经验。许多社会团体都热心提高中国人口素质，重视未成年人的道德教育，经常组织报告会，或者报刊登载先进经验。对这些经验应该认真学习，认真思考，有的搬过来就用，有的减去一点儿来用，有的加上一点儿来用。

4. 学身边的经验最便利。单位几位同事休息时，在一起聊聊孩子，大家讨论孩子的习惯是怎么形成的，坏毛病是怎么纠正的。考试没考好怎么办，作业不认真怎么办……有经验、有教训，虽是闲谈，但最生动，最真实，也最能受到启发。同事、朋友在一起可以取长补短。

5. 最重要的是在做中学习。在家教中去实践先进的教育理念、科学的教育方法，这才是最有效的学习。教育效果不佳，要反思，反思是对思考的再思考，反思是从实践到认识再到实践再到认识的认识过程。教育的智慧、教育的能力、教育的水平都来自家教实践中的不断反思。

平时的学习要积累、保存，要动笔记一记。一天一记，一记就是一句话；一周一记，一周的小结或一周的典型事例，都可以。记什么？记自己所想、记孩子所做。找一个笔记本，坚持那么两三年，就会形成习惯，会自觉地、理智地教育孩子。

下面是我们当年的几则教子笔记。

1980 年 11 月 8 日（女儿两岁时）

牛不喝水强摁头

珍珍在我们的提示下，已经能背出十几首儿歌，我们免不了对姥姥讲对大爷夸。人们就说："大珍，说一个。"

也不管珍珍在干什么，我们就叫她背儿歌。她总是心不在焉地应付两句，就去做她正热心的事。我们不甘心，还是强哄着她说。她又应付地说几句，或者干脆不说话。再说她，她就急了，我们免不了数落她。

这实际上是在扼杀孩子的学习兴趣，幼儿的注意力不是按家长的意志去注意某一事物的，而是不受任何制约，对什么有兴趣就注意什么。强摁牛头只能破坏孩子的注意力，导致孩子厌恶说儿歌，不听大人的话，最终讨厌学习。

1980 年 12 月 2 日

花和叶

摘下一片树叶，问她，她说："花。"经过长时间的纠正，她现在才把叶叫叶、把花叫花。因为在她还不会讲话时，我就指着树叶说："花、花……"如果当时直接说叶，现在也不用费事了。

1980 年 12 月 13 日

打你啦

在单位，她见了同学们常说："我打你啦。"我们平时根本就不打她，是在单位托儿所受到的影响，一是有的家长在托儿所打孩子，她看见过；再是阿姨说"要挨打啦"吓唬孩子。明天开始，只要有家长在托儿所打孩子，我就大声地劝，让珍珍听到看到，告诉孩子打人是不对的。

写下来之前要思考。多写促进思考，多写少走弯路，多写孩子会越来越好。

别为虚荣搭上孩子

工作重要吧，有比工作更重要的——健康、休闲。我们常去划船、钓鱼，珍爱生命，过好每一天是最现实的。别整天抱着石头走路。

女儿到美国一年后，参加了在波士顿召开的国际学术研讨会。会后她打电话告诉我们："在我发言之前有一个亚洲男青年发言，他一个人做了两个研究报告。听了人家的，我的根本就不能讲，差距太大。会议就是这样安排的，我只好硬着头皮做了研究报告。"

半年多以后，在加州又召开国际学术研讨会。女儿在国内的导师也参加了这次会议。会上，女儿做了非常精彩的学术报告，引起与会学者的关注。会议期间，她开始与几个学校联系做博士后的事。其中就有哈佛、伯克利、约翰斯·霍普金斯等五所大学。

她在电话中说："我发现中国人是很聪明的，到了美国，略加培训就能追上美国人。"显然，她的这次研究报告做得好，科研能力提高很快，她找到自信的感觉了。

导师也告诉我们她在美国的科研工作如何出色。我多么希望女儿能到哈佛大学做博士后，哈佛名气大。对各大学同一课题的导师权衡后，女儿选择了约翰斯·霍普金斯大学。在这一课题的研究水平上，这几所大学是不相上下的，但是我就认哈佛。

女儿没让我牛起来，隐隐的遗憾藏着不满，无奈中伴着埋怨。不敢说出来，毕竟我是为我自己，而选择是她为她自己。

女儿很快用行动证明她的选择是正确的。到约翰斯·霍普金斯不满两年，她以第一作者在美国一家杂志发表两篇科研论文。哈佛大学那个研究同一病毒的实验室，既是女儿科研的伙伴，又是竞争的对手。

尽管如此，我还是难割这一段情结，人都是这样吗？凡夫俗子，舍不开功名利禄，而且总要搭上孩子。

女儿说："在美国博士一划拉一大把，高级打工的。教授和超市收银员没有任何区别，谁都愿意在超市买到打折的商品。每个人都乐观自信地生活。工作重要吧，有比工作更重要的——健康、休闲。我们常去划船、钓鱼，珍爱生命，过好每一天是最现实的。别整天抱着石头走路。"

荣誉，光环，我为什么看得那么重？是那个时代的教育，那样的教育是以人为本吗？

以人为本的教育，才是尊重生命、热爱生命，以荣誉为本的教育，是扭曲人性、摧残生命的教育。

那段哈佛情结，似乎飘散了。

家庭和谐最重要

孩子的心理问题，寻本溯源，不是他们自身造成的，而是家庭教育中父母问题的折射。心理健康的孩子，其家庭教育环境是融洽的，心理不健康的孩子，其家庭教育环境是冲突的。

从女儿2岁起，我们就开始记育儿笔记，一直记到女儿5岁上学，断断续续也有三大本。平时，我是不轻易翻开的，其中几篇，白纸黑字，读时只是一翻，不忍细看，心痛。只要细看，像心灵上刚愈合的伤口又迸裂。

吵架之后（1982年1月8日补记）

她前几天画了一张“妈妈”。昨天晚上又拿出那张画儿，说：“我画的妈妈瞪眼了，打架了。”过了一会儿又说：“我还没画眼泪呢。”然后，填上几笔，“我画画儿就是不让你们打架。”

不能再吵了（1982年1月8日补记）

星期三晚上，我们吵起来。妻子急了，把碗也扔了，大珍吓哭了，“别打了，妈妈，让他一次吧！”说着，她把扔在地上的东西都拾起来。我们又吵起来。女儿说：“爸爸妈妈要团结。”

孩子哭得很可怜，为了孩子，别吵了。

看画儿（1982 年 1 月 13 日）

她又画了几张画儿，说：“你们别打架，看我那张画！”一张是她妈妈大眼睛又滴下大泪珠儿，一张是我竖着眉眼喊。

“气急败坏”（1982 年 4 月 24 日）

“爸爸，您别和我妈妈打架，气急败坏。”前几天讲故事听到“气急败坏”，今天突然就用上了，虽然语法有毛病，她还是理解了。

小老虎的爸爸妈妈打架吗？（1982 年 8 月 9 日）

今天带大珍去水上公园，一只雌虎和两只小老虎在一个铁笼里。她问：“小老虎它爸爸呢？”我指着另一个铁笼说：“在那了。”她问：“小老虎它爸爸和它妈妈打架吗？”

怎么回答呢？我们的行为在孩子心上留下深刻的创伤。

当初记笔记时很随意，没有更深的思考。夫妻间哪有不吵闹的，觉得无所谓。而今天，二十多年后的今天，我具备了一些知识的今天，我不能容忍自己当年的粗鲁，我不能宽恕自己对女儿心灵的伤害。

女儿当时承受了多大的心理压力！父母是孩子的天，呵护孩子的天。而心灵脆弱的孩子，面对的是电闪雷鸣的天！

孩子的心理问题，寻本溯源，不是他们自身造成的，而是家庭教育中父母问题的折射。心理健康的孩子，其家庭教育环境是融洽的，心理不健康的孩子，其家庭教育环境是冲突的。

女儿是贴心的“小棉袄”

近30年来，我欣喜这样一种现实：无论多大的孩子，都是家长的老师。与孩子共同成长，是新的教育理念，更是现实的生活状态。甚至我们可以断定，这是人类生活的原生态。

以下，是在我活跃的思想中，来自女儿的思想元素。

1. 爸，你别老清华北大的。在美国能在科研年会上发言的女人很少，亚洲女人就更少。我一上台，听众都抬起头来。发言之后他们就问：“你是日本人！”我摇摇头。“韩国人。”我仍然摇摇头。“台湾？香港？”我大声告诉他们：“我是中国人！”

2. 在美国，千万别问人家私事。有一次，我以为我听错了，在一个月内同事竟两次分别参加了自己离婚父母各自的婚礼。

3. 咱家就我一个独生女，令美国同事不可思议，他们很难理解中国的计划生育国策。我告诉他们：“这就是中国人民为世界做出的牺牲和贡献！”

4. 妈，你们千万别给我存钱，你们给了我生命我已无法报答，为我存钱是在给我增加痛苦。

5. 你们身体健康最重要。痛苦，我不可能替代你们承受；幸福，我也不会体验你们的内心。生命只有一次，无可替代。你们要快乐地享受自己的生活。

6. 你们同事、咱家亲戚需要我在美国买的东西、办的事情，你们千万别驳。我都会尽力而为。

7. 美国的教授和超市的收银员，都对自己有同样的自豪感。在中国你们也要学会尊重每一个人。

8. 别提我14岁上大学，别提我19岁留学，别提我23岁做博士后。美国，不问你的过去，只看你的现在。

9. 在美国，一切需要自己努力；面对机遇，我时时心怀感恩。

10. 耿老师（原南开大学副校长、研究生院院长、生化学院院长、女儿的博导）跟我说了，在那次学术研讨会上我发言后，耿老师身边的美国人问他我会说中国话吗，夸我英语好。跟您说，我只是相当于美国人的小学六年级水平，甚至还不到。美国人讲句笑话，我都不知道他们为什么乐。记住，别人的赞扬，可不能照单全收。

11. 爸，我的一篇论文获范德比尔大学特等奖。你是不是想象到你们学校大排榜，我是最好的？分成好几个组，每个组一个一等奖。从不同学科不同角度研究癌症，横着没有可比性。在几个一等奖中评选我的为特等奖，只能说是一种幸运。可能是有些评委对我那篇论文印象深刻而已。您千万别再大排榜，别以为我是最好的。

12. 周六周日两天，我就像长在椅子上的一株植物。饭就在手边，除了吃饭，一动不动地写科研基金申请报告。我的毕业背景不如美国名牌大学毕业的教授们，我只能付出比他们更大的努力。报告就差收尾了，我很有成就感。

13. 我小时候有许多榜样，现在好像没有了。我只是认认真真地做好我该做的每一件事，问心无愧地度过每一天。

14. 你们对我的教育、老师对我的教育，其中许多故事可能你们记着而我忘了。你们的教育就是今天的我啊！

附 录
女儿的书信和随笔

信一

爸爸妈妈：

你们好。我很好，来美3个月，一切都进入状态了，基本已经适应了新环境，并开始结识一些新朋友。我身体很好，到这里几乎没有感冒过，可能是因为这里空气很好。我每星期去买一次菜，洋白菜、大白菜、菜花、青椒、葱、姜、蒜、香菜、萝卜都有，去东方店还可以买到韭菜、豆腐脑和豆芽菜。

我每周都要吃掉两三磅肉，一大桶巧克力牛奶，很多鸡蛋。刚来时感觉这里鸡蛋不好吃，现在习惯了，也可以做得很香。我还可以买到虾，但因为没做过怕做不好，至今还没有自己烹过大虾。

我上次做的大丸子很受欢迎，给刘老师家送去一些。室友过生日，我也给买了小礼物，她很高兴。

总之，在与人相处方面你们可以大大放心。我现在胖了，经常和我室友一起去自行车道（没有汽车，很安全）上跑步。

我现在的实验就是按部就班地做。因为我现在用酵母，这在以前我们实验室没有人做过，所以还要摸索一些经验，现在还快不起来。我每天早上8点到实验室，中午带饭，晚上一般6点多钟回家。不算太忙，像上班一样。有时我自己觉得着急，觉得谈不上“刻苦”两个字，但没有办法，晚上太晚了一个人走着回家怕危险。时间就是这么多了，大家差不多都这样，谁实验素质好，谁经验多，谁运气好，谁的实验就顺一些。

我现在就算挺顺的了，即使中间有一点点不顺，很快也就过去了，没有走太多的弯路。一点点来吧，这两年的确重要，但无非是日复一日地重复实验，我不想把自己逼得太紧。

我现在的心态很平稳，很踏实，什么“诺贝尔奖”，什么“杰出青年”，和我没有关系。我只需要认真工作，选择适合自己的路，如果遇到机遇就抓住它。在这几年多积累一些经验和阅历（知识和实验方法不断在变，而且也不可能记一辈子，只有经验、素质永远有用），提高素质，将来在大学里找个工作，或者到公司里去自食其力，都是很好的归宿，一切顺其自然。

林肯虽然是个小城市，但中国人很多，能来美国的中国人谁也不傻，谁也不比谁聪明。我其实真的没有什么过人之处。我很清楚这一点。

我们的实验室在一栋新楼里，设备不错，很安全，你们放心。我和大家相处得很好，有时去刘老师家吃饭。寄去的照片一张是在我们楼前，一张是在我办公室。我已经笔试考到一个“临时驾照”，可以在别人带领下学开车，也许明年年初会买车开始学，我会小心的，你们放心。

向亲戚们问好，嘱咐姥姥姥爷、大爷大娘注意身体。

你们吃好了，保重身体！别存钱！最多一年后我会把买房贷款的钱寄回去。你们放心，我会留出买车的钱，吃的穿的我全买，剩多少存多少，没有刻意为你们省钱。把贷款还上，我自己心里也踏实。

祝身体健康！心情愉快！

大珍

1999.8.9

信二

爸爸妈妈：

你们好。我曾经说过：我感谢你们对我的教育，感谢你们对我个性的培养。你们究竟教育了我什么？一时真的还答不上来。现在的我就是你们的教育结果。刚结识一些外国朋友总问我："你是日本人吗？""不是。""韩国人？""也不是。"我说："我是中国天津人。"我们不能指责外国朋友，我们也必须承认与日本人、韩国人、新加坡人素质上的差距。你们对我的教育让我会适应、会学习，让我具备"我是中国人"的素质。

到范德比尔大学后，我就想把工作做得更出色。的确，在别的学校有些博士后没有压力，很轻松。可是从小就培养的要争做一流的精神，已经成为素质，变不了的。起码也要让导师有个好评价，不能让人家解雇了吧！素质的积累就成了人的个性，个性是人的本质。本质是不容易改变的。我会把工作做得很好。对了，我买了一只橡皮船，有两个塑料桨，还买了件救生衣。周末我就去湖里划船钓鱼。这里的鱼和国内鲤鱼不一样，全长着牙齿，除了自己吃以外，还给实验室的同事们带去一些。

我已经完成了来范德比尔的第一篇论文，正在准备第二篇，导师非常高兴。前几天实验室有个工作报告，我有点事儿要晚到一会儿，导师给我打电话，说等我一会儿，想听听我的意见。导师对我很器重，你们放心，今后所有的会议，我都会准时参加的。

祝身体健康。

大珍

2004.9.12

随笔一

一条海河波浪宽

——家乡的嫩夏

美国的一年四季对我没嘛区别，除了我那车——整个儿一个春夏秋冬：万物滋润鸟粪浇，铁板烹肉我成肴；松鼠爆尸枯叶道，不见芳驾雪中刨。平时走到哪都有空调，嘛季节都能吃冰激凌能游泳，就是听见爸妈在电话里说：我们俩包了三排盖饺子，等看完赵本山的小品就煮——你明年回来吗？这才醒过味儿，唉，又过了一年。总觉得原汁原味的四季，唯独家乡才有。

说起家乡的夏天，自然离不开海河。四五岁时我爸就教会我游泳，咱眼光当然不能盯在那一池子洗脚水，跟运动员盼奥运一样，几年下来一身黑亮黑亮的泥鳅皮，就等着一猛子扎进海河的那一刻。跟我妈一商量，爷俩立马被骂回来。她很少那么着急，一遍遍吓唬我们：病毒细菌西瓜皮，死猫死狗死耗子，门口儿摊煎饼馃子大娘的白眼儿的同学他哥哥就在海河里淹死的。

现在自然理解我妈当初的担心，可说句实话，要是杠着（天津方言，指该着的意思。——编者注）出事，洗脸盆里都能淹死人。再说，等过了几十年真到了那天，要是老天爷能让我选择生命的最后一站的话，我宁肯去海河（记着告诉您孙子别买海河边的田螺吃，还有，下河游泳请穿深色泳裤）。当然，这些瘆人的话可不能让我妈听见。

话说当年我爸也年轻，而且——您先看看我，我身上可只带了一半儿我爸的基因，让我妈这个老实人整整稀释了一倍啊，还这样呐！您再想象一下我爸……我爸从小就是个下河摸鱼的主儿，不知挨了多少回我奶奶的打。十来岁时右耳朵因游泳感染没及时治，到现在还聋着呢——为这事儿，直到现在我都跟月牙河不共戴天，下辈子变精卫，我填了它！对不起，又跑题儿了。

有一天趁我妈去了姥姥家，我爸也不知从哪儿翻出来个黑色汽车内胎，我一见心领神会，换上泳衣爷儿俩直奔海河。

到现在还记得跳进海河的那一刻，那瞬间溶化了全身的清凉透畅，仿佛河水从每个毛孔渗入五脏六腑，再融入血液里，加上嘴中微腥的河水味儿，真跟变成条鱼一样。我激动得边扑腾边仰头喷着河水大笑，我爸见我得意忘形连忙提醒："游！使劲游！要不容易脚抽筋！"那一段的海河大概有一两百米宽（童年的家乡的河在海外游子的心中都是最宽阔的），当时我最渴望征服她：一口气游过去。

快到河中间情况不妙，不远处传来轮船"呜呜"的汽笛声。我估计了一下距离，决定和轮船一拼，抢在它前面游过去。正奋力划水，突然，脚碰到一个软绵绵的东西，回头一看，我爸在几米之外呀？正嘀咕着又来了一下！吓得我声都变了："水里有东西，唆喽我大脚豆儿！"我爸赶紧游到我身边，拉着我掉头游上了岸。

“不是条大鱼就是条水蛇，也咬了我脚一下，嫌臭，走了。”我爸就这么乐着对我说。回到家本以为能瞒过我妈，却被我头发里的一棵水草叶给出卖，气得我妈一天没跟我爸说话，晚饭时我的碗里倒是多了几片厚厚的午餐肉。

不过，我爸也承认在海河里游泳危险，再也不带我去了。我心里一直留恋“变鱼”的感觉。直到几年后，一天放学骑车过大光明桥，看见河边一具尸体被蓝塑料布裹得严严实实。周围的人描述尸体刚打捞上来时胀成两个人大，在桥上都能闻到臭味儿。这才彻底打消了我再游海河的念头。但是，水能养人就能伤人，她养了千万人，伤了个把人——挺快乐的，怎么跑偏了？咱还接着说海河。

自打海河两边修成了公园，夏天是两行翠绿。快下雨的时候，蜻蜓飞得很低，有时“嗡”地一声跟你擦肩而过，捉蜻蜓就成了我和堂弟夏天的主打活动。最常见的黄色的蜻蜓我们俗称“老鹌”，只要动作轻，出手快准狠，二指禅足以搞定。另一只手当然没闲着，五指间早就夹满七八只老鹌，这时候您千万别和我说话，没看见我嘴唇还抿着两只吗？堂弟喜欢用网，他拿手的是腰功，每次抄到老鹌紧接着一个漂亮的鹞子翻身，像只猫一样连人带网扣在地上。抓来的老鹌除了被我叼了太久咬断翅膀的，趁我不备被我的猫抢去吞掉的，幸存下来的就全部放生。

渐渐发现老鹌太多太好捉，就用老鹌钓“老秋”。老秋就是大蜻蜓，蓝色是男的，绿色是女的。我们用线把老鹌拴在小木棍儿上，晃它在空中飞。没多久就有老秋俯冲过来一口咬住，跟钓鱼一样，你要立即把它捂在胸前，或者摁在地上。

老秋平时飞得很高，很少落在哪里休息，是蜻蜓中的黑老大，要抓住它必须靠智商。我最钟爱的还是那种红蜻蜓，城市里没有，只是在郊外海河边儿钓鱼时见过几次。当她轻轻地落在我鱼竿的梢头，那种通体红色的美丽竟能勾起一种心底的震撼，我甚至不敢呼吸，生怕惊动了她。对那种能够唤醒灵魂的美丽，你会觉得片刻的凝视便是生命的厚赐，更不会生出占为己有的丑陋。

上次回国已经见不到那么多蜻蜓了，不知是被蹂躏美丽的我们这些顽童抓光了，还是被蹂躏自然的高速“现代化”驱逐了。如今，下雨前再也听不到蜻蜓的“嗡嗡”声，整个世界清静了，千万可别变成纽约那样钢筋水泥的废墟。

除了蜻蜓，在海河边还有不少不会说话的伙伴——准确地说是“牺牲品”，陪我度过了童年。武装到牙齿黑白分明的虚伪可憎的树牛子、身怀绝世武功却甘心死在情人刀下的螳螂（我们叫刀螂）、整个儿一公款吃喝腐败“公仆”体型的知了、靠着会叫这一技之长走出草堆登上大雅之堂的油葫芦（一种大蟋蟀）、师爷般细脸细腰只能靠跟人家颜色一样依附于绿草之间的大淡勾（一种蝗虫），还有专吃农民血汗被我抓着后以其人之道还施其身的愣头青（一种蝗虫，能够下油锅炸着吃跟虾味儿差不多）……20年一晃过去了，其间遇到的那些形形色色的人啊，原来在我儿时便已仿佛见过他们的身影。

海河边儿另一个难忘的经历就是捉虾。每次吃饭剩下点什么骨头（烧鸡骨头最好），我跟我爸就带上工具去河边捉虾。四五个宽口玻璃罐头瓶子系上绳子，里面放上骨头，瓶口放上自制的草编的盖子。那盖子是中空的喇叭口状，上宽下窄，虾闻见香味儿，钻进去就出不来。把“陷阱”沉到河底，过几分钟拎上一个来，就有大小河虾在罐子里乱撞。不过，便宜没有白占的，每次为了那小半篮子虾，我的胳膊腿儿都被蚊子叮得像苦瓜，跟如来佛的脑袋似的，也许是佛祖在劝诫我不可造孽杀生。有一次还遭遇了一只蚂蟥，在钻进我小腿的皮肉前，被我爸揪了出来。我们用鞋底儿抽，太阳晒，居然都杀不死它，看来这世上真是一物降一物，谁也不比谁绝对“高等”。

写到这儿，我又开始哼哼歌儿了，这两天有事儿没事儿老是这段儿：一条海河波浪宽，风吹包子香两岸，我家就在大直沽，听惯了大果仁儿的号子，看惯了热乌豆的白烟儿……浆子果子糖粘子，切糕炸糕大梨膏，朋友来了有麻花，若是那饿狼来了，迎接它的有烤鸭——不是我成心拿人歌词糟改，实在是思乡情切啊！

王世珍

2006年4月于美国马里兰州

随笔二

最大的秘诀是兴趣

——写在母校耀华中学建校80周年之际

（本文2007年6月23日发表于《今晚报》）

“咳嗽了？告诉你个偏方：每天晚上用香油煎个鸡蛋，蘸着醋吃，几天就好——这是我们中学老师教的！”

自打8年前来到美国，这偏方我已经讲给了好几个和我一样初次离家的留学生。18 年前在耀华时，数学曲丽敏老师教的那些公式我早忘得差不多了，可她教的这个偏方儿，还有她关切地拉着病着的我讲话的神情，我却永远也忘不了。

当初书本上快要画烂了的重点难点，让我饱尝苦与乐的一张张批了成绩的试卷，教室里的每一次欢笑与沉默，都成为记忆中的一朵朵嫩芽与小花。

上大学后我的专业是医学和分子生物学，一直到现在。前一阵无意间看到一道中学的几何证明题，就是我从前最拿手的那种，忽然发现那些知识由于长期不用已经全不会了，心里还有些失落，感慨从前的东西都白学了。后来因为工作上的机会，我加入了一个用数学模型模拟研究肿瘤生长和扩散的课题，和数学系的同事们合作。

跨学科研究具有广阔的前景和特殊的意义，但确实不是件容易的事，尤其对像我这样在本专业一头钻了十几年的人。课题刚开始时，我只是做好生物学这半边的工作，提供各种实验数据。后来发现那些数学系的同事们写的方程和等式非常具有逻辑性，对我产生了很强的吸引力。

渐渐地，我也开始试着写一些等式，用数学语言来描述我感兴趣的生物学现象，由最初的照葫芦画瓢到有自己的新意和特色。数学系的同事看了我写的等式非常惊讶，只做了少许更正，等待进一步补充数据后，就可以发表了。

现在想想，这和我在中学时对数学产生的兴趣和那时候打下的坚实基础是分不开的。知识是种子，真正的教育不单是撒种，而且要让知识生根，不管经历多少春夏秋冬，只要根扎得深，需要的时候总会长出苗子来。

在我的切身感受中，耀华在培养我们的学习兴趣上做得很出色。我相信兴趣是科学研究最为重要的原动力之一，我很庆幸我现在的工作和我的兴趣是一致的。可是，恐怕没有几个人能想到我在中学时曾经生物考试不及格吧？没人能喜欢自己常考不及格的科目，我那时候也不例外，恨透了生物课。那时的“恨”归根到底是因为怕，怕考试、怕不及格、怕家长责备。

可是，当时教生物的李老师改变了我的态度。她没有因为班上谁的成绩好谁的成绩差就喜欢或者讨厌一个学生，她没有因为我提的一些生物问题跟课本无关跟高考无关就不仔细回答。当我意识到我不必因为成绩不好就讨厌这门课害怕这位老师时，我不再有压力，对生物的兴趣也越来越浓厚，还在老师的鼓励下参加了生物兴趣小组。

有了学习的兴趣，一切迎刃而解。后来在大学里我很多专业课考到满分，最大的秘诀就是兴趣。

现代社会为青少年创造了太多商业化偶像。其实一个人最初的偶像是自己的父母，然后就是老师。老师教给我们的不仅仅是知识，老师教给我们的有怎样学习和思考、有为人处事的原则、还有爱——就像那个治咳嗽的偏方。

我在耀华遇到一批最优秀的老师，从她们身上，我一直在学习很多东西，学习怎样做一个正直坦荡的人，学习怎样做一个严谨敬业的科学家，甚至在未来怎样做一个母亲。我在耀华学习五年，可耀华将教育我一生。

有时候，我在思考“母校”的含义。她就好比我们的母亲。少年时代总觉得她给了我们太多束缚，青年时代更觉得自己懂得比她多得多，只有当人生走入成熟阶段，才明白她的伟大、明智和爱。

写到这里，我仿佛又见到那一朵朵嫩芽与小花，它们一直都在那里，从没消失过。你看那肥沃的泥土、那深扎着的根，你听那树叶间传来的最清澈的笑声，到处都留下它们的踪迹。如今指头那颗尚未成熟的青涩果实，正飘着和从前同样的清香……

王世珍

2007 年 3 月于美国田纳西州 范德比尔大学

随笔三

“正常”的少年班

一提到“少年班”“少年大学生”，不少人会想到被剥夺的童年、木讷孤独的少年、不会叠被子的年轻人……那是一种畸形的“天才白痴”的培养方式或者至少像是靠“四月肥”催大的小肥猪儿。在这里，快到而立之年的我可以告诉你：我上的是少年班，可是我很正常。

自从我5岁时和三十几个小伙伴一起进入天津实验小学实验班，班主任孙彤芬老师和实验小学领导、老师们对我们进行的是注重“非智力因素”的全面培养。那个时候自然不懂得什么是“非智力因素”，只记得那些在升学考试中倍受冷落的科目：自然、历史、地理、音乐、舞蹈、手工、美术、体育……我们一样也没少上，而且上得花样翻新、津津有味。

有时候回想起来，觉得老师们真有一套，不知不觉就把原本6年的课程压到了3年半，还丝毫没有在这些小孩子最热爱的副科上“缩水”。

在对小学生活的回忆中，我印象最深刻的就是教我们的每一位老师和我们的关系都不仅仅在课堂上，更在生活里。她们在每一件平凡小事中像父母一样教育我们、感染我们。

对于道德品质的教育，遥远虚构的例子远不及生活中的真实故事，孙彤芬老师非常了解这一点。当一些容易被人忽略的故事发生在我们身边时，美好的、可耻的、感动的、悲伤的，她总能看到，帮助我们分析对错，带领我们用心灵去感受。这样的触动是终生难忘的，这样的成长无疑是事半功倍的。

11 年前，我一个人来到美国留学。初来乍到时的感觉说白了就像自己变回了个孩子。文化的差异、全新的规则、面对困难的无助、背井离乡的孤独……自然也少不了像个孩子般不争气地哭泣。在这个陌生的环境，少年班的经历再一次让我事半功倍地成长。当我享受着与年长我五六岁的同学同事站在同一起跑线上的优势时，我更加庆幸的是少年班把我造就成了一个“正常”的人，一个可以自己洗衣做饭自食其力的人，一个身心健康坚强乐观的人，一个乐于助人拥有同情和爱的人。我相信少年班的经历将使我受益终身，因为我们永远都在成长，不是吗?

少年班不是创造天才的工厂，因为我们任何人都不是天才。它创造了我们——二十多年前那一群充满活力的“正常”的孩子，现在这一群在世界的不同地方同样热爱生活、踏实生活的年轻人。

敬爱的老师，在大洋彼岸，总有一份虔诚的祝福。

王世珍

2007 年 8 月 25 日于美国田纳西州

随笔四

中国青年的形象：我准备好了

——耀华基础与我的留学生活

在耀华中学的5年里，让年少的我最心潮澎湃的时刻似乎就是电影《大决战》在校园中取景的那天。

母校可歌可泣的历史看似远去，有种精神却仿佛浸透了校园的每一个角落，烙印在每一个学子的心头。而正是那些看似寻常的点点滴滴、人人物物，铺垫了我如今的人生轨迹。

我是1988年进入第一届耀华中学实验班的小班学习的。

1993年我考入了南开大学生化及分子生物学系，1997年本科毕业后被保送南开大学生命科学院直接攻读博士学位。

1999年我作为中美联合培养的博士生去了美国内布拉斯加大学林肯分校并在那里完成毕业论文，在2001年获得博士学位，随后去了约翰斯·霍普金斯大学做博士后研究。

2003年我转到了现在所在的范德比尔大学，从事乳腺癌的分子生物学研究。

2008年应聘在洛杉矶一所肿瘤研究所任助理教授，博士生导师。

我当年的同学如今从事着各种各样的工作。除了像我这样搞科研的，还有会计师、业务经理等，甚至证券交易顾问。

我认为我们都很成功，在我们为母校骄傲的同时，也都值得母校为我们骄傲。什么是成功？在任何一个职业上，尽职尽责地干好，实现自己的价值，成就自己的梦想，这就是成功。

我在中学的时候，智商、学习在班上都不是最好的，充其量是中等偏上。我的方式是笨鸟先飞，用非智力因素弥补与其他同学的差距，创造属于我自己的精彩。

而我后来的经历，尤其是至今已整整十年的留学生活，让我深深地庆幸我在中学时代打下的各种基础。

首先，我在耀华建立了良好的学习习惯浓厚的学习兴趣和热情。耀华中学有着一批很好的老师，这些老师不但教学业务出色，而且洋溢着进步的教育理念和饱满的工作热情。

我们师生之间传递的远远不只是知识，还有信任，还有激情，还有爱与关怀。老师们的工作热情也点燃了我的学习热情，老师们的鼓励融化了我对不擅长的学科的冷淡，使一度生物课成绩在班上垫底的我，成功找回了学习生物的自信和兴趣，以至现在把这门学科作为自己毕生的追求。

有了这样的老师们，我从来没有上过任何补习班和提高班，在学好基础知识的同时，还培养了思考的逻辑、动手的能力、活跃的创造力和正确的人生观价值观。

我养成了每天消化当天学到的知识的习惯，时刻通过思考和应用把在课堂上学到的知识转化成自己的能力。

十几年后，在我现在的科研工作中，当那些难点重点的记忆早已烟消云散时，对新知识新技术的渴求和对未知领域无止境的向往已经变成了我的本能。

我现在每天都在学习着，一次又一次地在与自然科学的近距离接触中享受着莫大的乐趣。

耀华曾教育我的“为人民服务、为祖国争光”也转化为我无穷的工作动力，而且此时此刻也有了更具体的形象，那就是，尽自己最大的努力帮助癌症患者，通过严谨出色的工作展现给世界一个真实的中国科技工作者的形象。

当我向同行介绍完自己的研究工作并自豪地告诉他们我是中国人时，我也自豪地看到自己身上有着耀华老师的影子，有着母校的影子。

另外，在耀华培养的人际交往能力和包容、开朗、乐于助人的性格也让我受益匪浅。

记得在耀华学习的几年，我常常在书包里多备几支削好的铅笔，时刻准备借给需要的同学。同学们的感谢和老师们的赞许让我体会到帮助别人有多么快乐。

渐渐地，帮助别人变成了一种习惯，再不用得到别人的肯定或感激，心里总是非常幸福。

刚到美国后我举目无亲，完全是依靠老留学生们的帮助和自己的努力才慢慢独立起来的。自己的生活稍微稳定后，我也同样热情地去帮助新来的那些中国学生，去机场接机、帮他们找房子、带他们去买菜。

这种互相之间无私帮助的精神是中国留学生中的一个传统美德，在来自其他国家的留学生中并不多见。

另外，在我的科研工作中常常需要与别的同学同事合作，与人和谐相处的能力也是至关重要的。当年和同学们培养起来的情同手足的友谊奠定了我如今真诚待人、为人着想的心理基础。

在耀华培养起强烈社会责任感的我，在大学和研究生阶段都主动参加献血活动。四年前我第一次回天津探亲，又趁着购物的时候在和平路的流动献血车上献了血。

那次献血异常难忘，因为走下献血车才十几分钟，当我还按着胳膊上的针眼为自己的“光荣举动”暗自骄傲时，我就在众目睽睽之下被扒手光顾了。给我冲击最大的是周围亲眼见我被偷的路人的冷漠，以及刚刚献血后因这件事造成的心理落差。

郁闷了一阵之后，我似乎又找到了在校园中独有的那种感觉，那种让我的心灵清澈轻松的感觉。母校和老师们早就教诲过我们应该做一个怎样的人，那么不管遇到什么挫折，我们都应该坚定地去做应该做的事。

小的时候都可以那么执著地坚持着，成年了又怎么能失去那份清澈呢？社会是个大熔炉，但人的品质是在少年时代形成的，只要有着强烈的信仰，我们每个人都可以通过自己的行为让周围变得更美好，而不是被一些负面的因素消磨自己的理想和热情。耀华给了我这种信仰。

这次回国探亲的第二天，我径直找到献血车，又献了 400 cc，感觉很安心。我回国四次，四次无偿献血。走在和平路上，觉得自己为家乡的父老尽点儿女儿的一点孝心。

去年我在美国的几所大学应聘助理教授的位置。通过前几年的努力，我已经积累了一些作为第一作者的文章，也有了属于自己的科研经费和研究课题。我尽了自己最大的努力，但是天外有天，和我竞争同样位置的人才很多比我做得更加出色。

我所申请的四所大学和科研机构对我进行了面试，每一个位置都收到了两三百份申请，其中只有四五个人被选中面试，而最终只会录用一人。

令我欣慰的是，在面试结束后，这四所大学全部决定录用我。

当我问到一所大学负责招聘的教授有关其他应聘者的情况时，他直言不讳地告诉我，他所面试的人中有些在更顶级的科研期刊上发表了文章，有些在更著名的学校完成了学业，但我在其他方面的素质超过了他们，促使学校毫不犹豫地决定优先录用我。

这些更接近非智力因素的素质包括我在做主题报告时有条不紊的逻辑、对研究生所提出的技术性问题详尽清晰的解答，以及和系里每一个教授进行交流时活跃的思维和合作的热情。

这个事例也说明在耀华时这些基本素质的培养对我日后的事业生活有着多么重要和深刻的影响。

去年回到母校，看到从前的老师们虽然还像那时一样对教学工作、对学生们倾注了全部的爱与激情，但头上却比十几年前平添了不少白发，我心里非常感慨。

耀华中学的老师们完全把自己的青春，自己人生中最宝贵的时光无私地献给了同学们，献给了教育事业。这一点永远值得我们去全心地爱他们、尊敬他们、毫无保留地信任他们。

扩建后的母校，一景一物既熟悉又陌生，同学们热情洋溢的笑脸上似乎闪动着我们从前的模样。

他们即将开始下一站的旅程，和我们一起，并在未来接力我们，放飞年轻的梦想，让母校为我们骄傲，让全世界看到新一代中国青年的形象。我准备好了，耀华准备好了，相信他们也是！

王世珍

2009 年 4 月 25 日于美国田纳西州

随笔五

摘下博士的黑边眼镜

无论是影视剧里，还是人们的印象中——其实现实生活中也的确如此，知识分子，尤其是“博士”，多半是戴着一副黑边眼镜的木讷相。

我用这个题目，一方面正巧我是近视眼，每天得戴隐形眼镜，开个自己的玩笑；另一方面，是指高学历不是人生追求的全部，不应该为单纯地追求学历而丢掉了丰富多彩的生活，而应该让不断的学习帮助你更好地享受生活。

我喜欢画两笔漫画，喜欢游泳，喜欢钓鱼。美国的湖多，很多是水库，旁边就建起了绿树成荫的公园，供人们免费垂钓、游玩。湖边公园里有不计其数的烧烤架，我也很喜欢自己带上炭块、腌好的肉、玉米、山芋，在湖边点起炭火烧烤。

爱玩的人并不都是“闲人”，和我一起烧烤的有很多全家出动其乐融融的美国人，很多人有高学历，或是在工作单位地位显赫。我们系里有位教授酷爱钓鱼，还专门买了艘船用于钓鱼，各种钓具、渔网，乃至夜里吸引鱼的水下灯等专业器械一应俱全。

我所知道的人中另外一位杰出的眼科医生，同时拥有麻省理工学院的博士学位和哈佛大学的医学博士学位，他本人会演奏小提琴，另外国标舞也跳得很专业，常常参加比赛。

相比之下国内的情况似乎在“玩”的方面少了些，尤其是高学历人群。人们常常不自觉地把“学”和“玩”分成了水火不相容的两个极端。勤奋的学生“没空玩、埋头学”，而贪玩的学生“不用功、没出息”。

其实并不应该这样绝对。既然连我们这样的“老”博士都贪玩，孩子们又怎能去加以限制呢？应该还给孩子五颜六色的生活。我觉得我父亲在这一点上给了我一个很自由的成长环境，从他前面的文章中相信您已经看出了这一点。感谢您，爸爸，教会了我怎么“玩”。

王世珍

2010年4月25日于美国田纳西州

后　记

我是读了女儿写给读者的信，才写这篇后记的。她可能又一次被父母的爱感动，几乎没对我们提出批评。而平时，她对我们家庭教育的批评有时是很尖锐的。

她曾说："我感谢你们对我的教育，感谢你们对我个性的培养。"刻意的教育，精心的培养，和她今天的结果，是简单的因为所以吗？生活即是教育，而且是两代人互为师生的教育。

她也曾说："我要是有孩子，绝不会重复你们的做法，我会让他更自由地发展。"学习的压力，在她心上划过一条痕迹。高考，是必须面对的，分数，怎么能说不重要？素质教育不是不要分，要分不能说就是应试教育。所以，我们的家庭教育也只能像全国的教育一样，尽最大力量让孩子全面发展。我们不是教育专家，即使是专家，也不一定把中国的家庭教育把握得恰如其分。

这本书只是我们家的家教个案，提供的是经验和教训。而且是以我们自己当前的认识水平总结的经验和教训，换个角度看，过若干年再看，有些经验可能也会成为教训。能引发您的思考，而您的思考能为您的孩子创造更加和谐的环境，这就是我们的初衷。

家庭教育是基础，学校教育起主导作用，社会教育是必要条件。我女儿，一个普通的孩子，能挤进"超常儿童实验班"，能成为"少年大学生"，能在23岁开始在美国做博士后，全在于亲人对她的爱，全在于幼儿园、小学、中学各位老师的教育，全在于大学里中国的、美国的各位老师的栽培，全在于她的同学们的促进，全在于朋友们的赞扬。我得到的爱很多很多，我们也正在去爱每一个孩子，爱每一位朋友。

起初我不会使用电脑，书稿全是我侄外孙女张茜帮助敲打出来的。这孩子善解人意，体贴入微，中专毕业后先是打工，后来自己创业，干得辛辛苦苦，做得有声有色。在同龄的独生子女中，极少有这样的孩子。她的行动告诉我：人才是多层次的，成功也是多方面的。

我身边的许多同事，既是教师也是家长。午休时聊聊家庭教育，成了我们生活程序之一。聊得老人陆续退休，聊得新人不断加入，聊得方法追求实效，聊得理念更加深刻。现在我退休在家，愈发感到在家教的学习研究中，朋友们给了我极大的帮助。感谢马新爱老师帮我建立了博客，更好地为家长朋友服务。

感谢读过此书的各位朋友，您最宝贵的时间，被我占用了。敬请指正！

王继起

2011 年 10 月 24 日